学校联盟:教师专业
发展的新路径

初向伦 著

吉林大学出版社

图书在版编目(CIP)数据

学校联盟:教师专业发展的新路径/初向伦著. —长春:吉林
大学出版社, 2018.1
ISBN 978 - 7 - 5692 - 1722 - 3

Ⅰ.①学… Ⅱ.①初… Ⅲ.①师资培养—研究 Ⅳ.①G451.2

中国版本图书馆 CIP 数据核字(2018)第 011813 号

书　　名　学校联盟:教师专业发展的新路径
　　　　　XUEXIAO LIANMENG:JIAOSHI ZHUANYE FAZHAN DE XIN LUJING

作　　者　初向伦　著
策划编辑　朱进
责任编辑　朱进
责任校对　高桂芬
装帧设计　冯莉娜
出版发行　吉林大学出版社
社　　址　长春市人民大街 4059 号
邮政编码　130021
发行电话　0431 – 89580028/29/21
网　　址　http://www.jlup.com.cn
电子邮箱　jdcbs@ jlu.edu.cn
印　　刷　三河市嵩川印刷有限公司
开　　本　787mm×1092mm　1/16
印　　张　11.5
字　　数　220 千字
版　　次　2018 年 1 月　第 1 版
印　　次　2023 年 9 月　第 2 次
书　　号　ISBN 978 – 7 – 5692 – 1722 – 3
定　　价　36.00 元

序

"千教万教教人求真,千学万学学做真人。"这既是陶行知先生为《百侯中学校歌》写的歌词,也是他个人终极的教育信仰,是整个人类教育的本义与真谛。这句话对每一个靠研究吃饭或者愿意把研究作为生活方式的人来说,无疑也是最简洁又最深刻的专业准则。自"十五"以来,"降低研究重心、转变研究方式"的呼声响彻全国,课题研究热情高涨,课题数量逐年猛增,但真正解决问题的研究却不多见,甚至屈指可数。因此,"做真的研究"也就非常自然地成为业界直白且深沉的呼唤。

在革命老区海阳市的三所城乡小学里,一群怀揣教育理想、渴望改变学校现实问题的研究者通过学校联盟这个平台紧紧联结在一起,他们承担了山东省"十二五"教育科学规划课题《学校联盟教研的策略研究》,在取得一系列理论和实践成果后,他们继续对学校联盟建设进行深化研究,在此基础上立项的《促进教师专业发展的学校联盟建设研究》成为烟台市"十三五"教育科学规划重点研究项目。今天呈现在我们面前的这本书,就是他们近十年来孜孜不倦、持续研究的成果。他们共同制定调查问卷,分析现实问题,检索并整理相关文献,确立年度活动主题和学期实施方案,交流学校实践效果和教师个人活动体会,借助区域教研部门的支持,编制全书框架并推敲具体内容,正是有了这些激情与智慧的付出,《学校联盟:教师专业发展的新路径》得以最终成书。虽然研究者们特意用恬淡活泼的形式来架构全书,但静心读来我依然被形式背后的严谨厚重所打动,这的确是我从业二十年来所见不多的一项真研究。

真的研究必须基于真实问题。学校联盟建设的研究者们针对导致教师职业倦怠的传统自上而下的教育模式、教师地位处于被约束受支配、教师研究各自为战等原因,催生了这样一种设想:"如果学校之间能够高效率地组织联盟活动,这个群体中的老师能够以合作的姿态共享优质资源、能够以研究的方式解决共性问题,就会突破教师专业发展愿望不强、能力不足等问题"。

真的研究必须经由真实过程。细心的读者也许不难发现,本书成书的过程其实就是完整真实的课题研究过程的记录和再现。尤其是文献的检索与整理部分彰显出研究者做真研究的实力。普遍的研究者在这个环节，或失之于"为赋新词强说愁"的资料堆积，或失之于"王顾左右而言他"的不着边际，文献检索与整理需要在文献的丰富性和贴近性之间做好平衡。本书作者在学校联盟的发展、组织建构和学校联盟教研的实践探索等几个部分几近完美地向我们展示了研究过程的真实性。

真的研究必须有真实效果。一项课题，无论其研究必要性多么真切，无论其研究过程多么深刻，如果没有可靠的研究成果，不能切实地解决研究者自身面临的真实问题，那就肯定不能称为真的研究，只能是一项令人扼腕的研究。学校联盟建设的研究者们全面借鉴已有的理论依据和实践经验，边研究边实践，最终探索出一整套行之有效的包括学校联盟组织建构、文化生成、教研实践、专业领导等在内的联盟建设的实践操作体系，不仅有效促进了联盟学校教师的专业成长，而且助推了联盟学校校长教学领导力的提升，取得了较为显现的效果。

真的研究还必须公开公认。公开不仅是所有行动研究的基本特征，还是验证和考量研究者底气的绝好途径。只有把在单位时间和空间范围内取得的可靠成果公开，才能有机会得到更普遍意义上的验证，更广泛意义上的审视，研究者也因此获得了从更高远处全面思考、求证自己已有成果的机会，这样的机会无论是对课题研究者还是成果本身都显得极其宝贵。本书的出版正是《促进教师专业发展的学校联盟建设的研究》的研究者们主动寻求超越自我的重要尝试，这也是多年来区域内课题研究的一项重要成果，对于更广泛的研究者而言，具有借鉴意义。

本书的作者是海阳市凤城街道中心小学的初向伦校长，他热情、扎实、勤恳、严谨的研究态度给我留下深刻印象，他的团队专注地投入研究的一张照片也曾让激情不再的我潸然泪下。在本书即将交付出版的时刻，我深深地祝福他及他们的团队为区域教育的改革与发展做出更辉煌的成绩，收获更多的职业幸福和人生成长！

山东省有突出贡献的中青年专家

烟台市教育科学研究院副院长

特级教师、正高级教师

管锡基

二〇一七年六月

目　录

第一章　探寻教师专业发展的新路径

　　一位老师正在按部就班地执教《秦兵马俑》——导入新课,认读字词,整体感知,精读感悟……可是,听着听着,大家觉得整个课堂气氛开始变得有些异样。孩子们对课文中的将军俑、武士俑、骑兵俑、车兵俑、弓弩手、马俑,已然十分熟悉,课堂上老师却还在引导学生咀来嚼去。整个课堂学习状态处在沉闷静默之中,孩子们学的热情泯灭了,执教者教的激情消解了,听课老师研讨的意愿萎缩了。接下来的评课环节,比课堂上还要沉闷:说什么呢? 有什么好说的呢? 说了又有什么用呢……

　　这种缺失热情的教研课,这样习惯静默的大多数,不能不引起我们深深的思考:我们应该给予老师们一种怎样的专业成长引领,塑造一种怎样的专业发展形态,才能有效化解老师们心中日渐弥漫开的职业倦怠? 为此,我们开始探索一种教师专业发展的新路径。

一、教育形势对教师专业发展的现实诉求

　　最近一个时期,世界范围内人们开始关注教师的发展。在政治多元、经济发展、科技进步、人口增加的社会变革进程中,世界各国都意识到,世界格局演变的基础是国家实力的比较,而教育和科技是增强经济、军事力量,维护国家利益的重要工具。教育的这种国际发展趋势和现实状况,使世界各国都开始重视教育质量,关注教师的专业化发展。

　　我们国家也适时提出了"科教兴国"的治国方略和教育战略,教师教育改革与发展坚持以提高教育质量为核心、以教师专业化为导向、关注教师发展的理念逐渐成为政府和全社会的广泛共识。为此,国家出台了很多教师队伍建设的政策,从《国家中长期教育改革与发展规划纲要(2010—2020年)》到《中共中央关于制定国民经济和社会发展第十三个五年规划的建议》

（以下简称《建议》），我国制定的每一项重大教育政策，都提出了加强教师队伍建设的重要性，而加强教师队伍建设的核心在于教师的专业发展。新的教育形势对教师专业发展目标和教师专业发展方式都提出了新的挑战。

（一）教师专业发展目标

传统上，教师专业发展的目标都是以教师个体的知识、能力、情感为主要内容来建构内涵的，而最近几年出台的教师队伍建设政策，则以《建议》为例，它明确提出"十三五"期间要"提高教育质量"，对教师专业发展的目标提出了挑战。由于提高教育质量主要表现在"全面贯彻党的教育方针，落实立德树人根本任务，加强社会主义核心价值观教育，培养德智体美全面发展的社会主义建设者和接班人"上，并且突出了具体的教育目标，即"把增强学生社会责任感、创新精神、实践能力作为重点任务贯彻到国民教育全过程"。这意味着教师专业发展的目标不是一般性地掌握广博的科学文化知识、学科专业知识和能力以及教学能力，而是要提高教师在课堂落实立德树人、开展社会主义核心价值观教育的能力，提高教师培养学生的社会责任感、创新精神和实践能力的教育能力。因此，形成了对教师专业发展的新挑战。

为落实教师专业发展目标，2011 年教育部研究制定了《教师专业标准》，这是关于教师专业要求的第一份政策文本。以《小学教师专业标准》为例：

小学教师专业标准（试行）
（征求意见稿）

为促进小学教师专业发展，建设高素质小学教师队伍，根据《中华人民共和国教师法》和《中华人民共和国义务教育法》，特制定《小学教师专业标准（试行）》（以下简称《专业标准》）。

小学教师是履行小学教育工作职责的专业人员，需要经过严格的培养与培训，具有良好的职业道德，掌握系统的专业知识和专业技能。《专业标准》是国家对合格小学教师专业素质的基本要求，是小学教师开展教育教学活动的基本规范，是引领小学教师专业发展的基本准则，是小学教师培养、准入、培训、考核等工作的重要依据。

一、基本理念

(一)学生为本

尊重小学生权益,以小学生为主体,充分调动和发挥小学生的主动性;遵循小学生身心发展特点和教育教学规律,提供适合的教育,促进小学生生动活泼学习、健康快乐成长。

(二)师德为先

热爱小学教育事业,具有职业理想,践行社会主义核心价值体系,履行教师职业道德规范。关爱小学生,尊重小学生人格,富有爱心、责任心、耐心和细心;为人师表,教书育人,自尊自律,做小学生健康成长的指导者和引路人。

(三)能力为重

把学科知识、教育理论与教育实践相结合,突出教书育人实践能力;研究小学生,遵循小学生成长规律,提升教育教学专业化水平;坚持实践、反思、再实践、再反思,不断提高专业能力。

(四)终身学习

学习先进小学教育理论,了解国内外小学教育改革与发展的经验和做法;优化知识结构,提高文化素养;具有终身学习与持续发展的意识和能力,做终身学习的典范。

二、基本内容

维度	领域	基本要求
专业理念与师德	(一)职业理解与认识	1. 贯彻党和国家教育方针政策,遵守教育法律法规; 2. 理解小学教育工作的意义,热爱小学教育事业,具有职业理想和敬业精神; 3. 认同小学教师的专业性和独特性,注重自身专业发展; 4. 具有良好职业道德修养,为人师表; 5. 具有团队合作精神,积极开展协作与交流。
	(二)对小学生的态度与行为	6. 关爱小学生,重视小学生身心健康,将保护小学生生命安全放在首位; 7. 尊重小学生独立人格,维护小学生合法权益,平等对待每一个小学生。不讽刺、挖苦、歧视小学生,不体罚或变相体罚小学生; 8. 信任小学生,尊重个体差异,主动了解和满足有益于小学生身心发展的不同需求; 9. 积极创造条件,让小学生拥有快乐的学校生活。

专业理念与师德	（三）教育教学的态度与行为	10. 树立育人为本、德育为先的理念，将小学生的知识学习、能力发展与品德养成相结合，重视小学生全面发展； 11. 尊重教育规律和小学生身心发展规律，为每一个小学生提供适合的教育； 12. 引导小学生体验学习乐趣，保护小学生的求知欲和好奇心，培养小学生的广泛兴趣、动手能力和探究精神； 13. 引导小学生学会学习，养成良好学习习惯。
	（四）个人修养与行为	14. 富有爱心、责任心、耐心和细心； 15. 乐观向上、热情开朗、有亲和力； 16. 善于自我调节情绪，保持平和心态。 17. 勤于学习，不断进取； 18. 衣着整洁得体，语言规范健康，举止文明礼貌。
专业知识	（五）小学生发展知识	19. 了解关于小学生生存、发展和保护的有关法律法规及政策规定； 20. 了解不同年龄及有特殊需要的小学生身心发展特点和规律，掌握保护和促进小学生身心健康发展的策略与方法； 21. 了解不同年龄小学生学习的特点，掌握小学生良好行为习惯养成的知识； 22. 了解幼小和小初衔接阶段小学生的心理特点，掌握帮助小学生顺利过渡的方法； 23. 了解对小学生进行青春期和性健康教育的知识和方法； 24. 了解小学生安全防护的知识，掌握针对小学生可能出现的各种侵犯与伤害行为的预防与应对方法。
	（六）学科知识	25. 适应小学综合性教学的要求，了解多学科知识； 26. 掌握所教学科知识体系、基本思想与方法； 27. 了解所教学科与社会实践的联系，了解与其他学科的联系。
	（七）教育教学知识	28. 掌握小学教育教学基本理论； 29. 掌握小学品行养成的特点和规律； 30. 掌握不同年龄小学生的认知规律； 31. 掌握所教学科的课程标准和教学知识。
	（八）通识性知识	32. 具有相应的自然科学和人文社会科学知识； 33. 了解中国教育基本情况； 34. 具有相应的艺术欣赏与表现知识； 35. 具有适应教育内容、教学手段和方法现代化的信息技术知识。
	（九）教育教学设计	36. 合理制定小学生个体与集体的教育教学计划； 37. 合理利用教学资源，科学编写教学方案； 38. 合理设计丰富多彩的班队活动。

专业能力	（十）组织与实施	39. 建立良好的师生关系，帮助小学生建立良好的同伴关系； 40. 创设适宜的教学情境，根据小学生的反应及时调整教学活动； 41. 调动小学生学习积极性，结合小学生已有的知识和经验激发学习兴趣； 42. 发挥小学生主体性，灵活运用启发式、探究式、讨论式、参与式等教学方式； 43. 将现代教育技术手段渗透运用到教学中； 44. 较好使用口头语言、肢体语言与书面语言，使用普通话教学，规范书写钢笔字、粉笔字、毛笔字； 45. 妥善应对突发事件； 46. 鉴别小学生行为和思想动向，用科学的方法防止和有效矫正不良行为。
	（十一）激励与评价	47. 对小学生日常表现进行观察与判断，发现和赏识每一个小学生的点滴进步； 48. 灵活使用多元评价方式，给予小学生恰当的评价和指导； 49. 引导小学生进行积极的自我评价； 50. 利用评价结果不断改进教育教学工作。
	（十二）沟通与合作	51. 使用符合小学生特点的语言进行教育教学工作； 52. 善于倾听，和蔼可亲，与小学生进行有效沟通； 53. 与同事合作交流，分享经验和资源，共同发展； 54. 与家长进行有效沟通合作，共同促进小学生发展； 55. 协助小学与社区建立合作互助的良好关系。
	（十三）反思与发展	56. 主动收集分析相关信息，不断进行反思，改进教育教学工作； 57. 针对教育教学工作中的现实需要与问题，进行探索和研究； 58. 制定专业发展规划，不断提高自身专业素质。

三、实施建议

（一）各级教育行政部门要将《专业标准》作为小学教师队伍建设的基本依据。根据小学教育改革发展的需要，充分发挥《专业标准》引领和导向作用，深化教师教育改革，建立教师教育质量保障体系，不断提高小学教师培养培训质量。制定小学教师准入标准，严把小学教师入口关；制定小学教师聘任（聘用）、考核、退出等管理制度，保障教师合法权益，形成科学有效的小学教师队伍管理和督导机制。

（二）开展小学教师教育的院校要将《专业标准》作为小学教师培养培训的主要依据。重视小学教师职业特点，加强小学教育学科和专业建设。完善小学教师培养培训方案，科学设置教师教育课程，改革教育教学方式；重视小学教师职业道德教育，重视社会实践和教育实习；加强从事小学教师教育的师资队伍建设，建立科学的质量评价制度。

（三）小学要将《专业标准》作为教师管理的重要依据。制定小学教师专业发展规划，注重教师职业理想与职业道德教育，增强教师育人的责任感与使命感；开展校本研修，促进教师专业发展；完善教师岗位职责和考核评价制度，健全小学绩效管理机制。

（四）小学教师要将《专业标准》作为自身专业发展的基本依据。制定自我专业发展规划，爱岗敬业，增强专业发展自觉性；大胆开展教育教学实践，不断创新；积极进行自我评价。

《教师专业标准》体现了当前教育形势对教师专业化发展目标的要求。从《标准》的相关规定能够看出，《标准》具有"评价"标准的性质，作为"评价"标准它是国家对合格教师专业素质的基本要求，是教师开展教育教学活动的基本规范，是教师培养、准入、培训、考核等工作的重要依据，因此《标准》是评价教师和教师教育质量的依据，是进行教师管理和教师教育管理的入手。《标准》还具有"导向"标准，它是引领教师专业发展的基本准则，因此《标准》也是引领小学教师教育专业化的基础。

（二）教师专业发展方式

古往今来，教师专业发展方式的历史变革与教师角色的历史嬗变，都是在遵循教师发展的客观规律的同时，不断适应各个时期课程改革的需求。当前新课程改革，既需要教师自主研究、自我发展的培训模式，更需要学校建设开放性的学校组织，需要教师形成合作性的研究方式。

1. 开放型的学校建设

随着教育均衡发展的全面推进和素质教育的深入实施，学校与学校之间的联系越来越密切，相同学段学校之间，不同学段学校之间，甚至是不同类型学校之间，都存在着教学业务的交往、办学经验的交流和教育资源的共享，互通有无、开放办学已经成为区域学校均衡发展的一种趋势。

例如，以北京一零一中学为龙头的中小学远程教育联盟，旨在以现代远程教育为突破口，构建以促进学校特色发展为核心，区域教师学习与资源中心为服务支撑，学校教育与现代远程教育相结合的新时代开放型学校建设体系；甘肃省嘉峪关市的学校发展联盟，采用"5321"模式促进联盟学校教师共同发展，即"五个整体"——整体管理、整体统筹、整体教学、整体教研、整体考核，"三项交流"——干部交流、教师交流、学术交流，"两级考核"——常规考核、终极考核，"一个目标"——共同发展；新疆维吾尔自治区布乐津县义务教育学校联盟实行学校管理一体化、教师发展一体化、教育资源一体化、考核评价一体化；山东省滨城区学校联盟实行管理资源互通互学、校本级干部互研互学，努力打造校长、中层、教师三支队伍。而重庆市沙坪坝区建立"学本式卓越课堂"八校联盟；山东省潍坊五中、乐埠山中学、浮烟山中学组建成合作教学特色教育联盟，这类学校联盟是以重构课堂为目的。当然，还有一些学校组建成共同体，如成都市武侯区在四川省率先进行农村义务教育管理体制改革，将十二所乡（镇）小学与城区小学一对一地"捆绑发展"，明确规定城区学校承担帮扶责任，构建"理念共享、资源共享、利益共享、荣辱共担"的"城乡教育共同体"；山东省潍坊市潍城区也通过构建城乡教育共同体探索农村教育发展新路。著名学者朱永新教授主持的全国教育科学规划重点课题"新教育实验"，倡导的是一种"新教育共同体"的集体行动，通过营造书香校园、师生共写随笔、聆听窗外声音、培养卓越口才、建立数码社区、构建理想课堂等"六大行动"，形成了一种教师合作发展的成长范式。

上述例子可以看出，因为学校之间优势资源不同、发展目标不同，开放型学校建设呈现出不同的开放形态。从开放的条件看，有基于共享资源的开放发展、有基于学校同质互促的开放发展、有基于差异互补的开放发展等；从开放的内容看，有学校特色建设的开放发展，有教学研究方面的开放发展、有课题研究方面的开放发展、有教师专业成长方面的开放发展、有学生创新能力培养方面的开放发展等。不管是哪种形态的开放发展，课程改革实践证明了只有在开放式组织中，教师才能不断丰富和创新知识，因为知识的获取是一个动态生成的过程。这个过程是以开放型的学校组织建设为前提的，否则，各学校自我封闭、相互隔绝，就无法实现任何形式的合作。同样，只有在相互开放的基础上，才能实现知识的互动生成，也才能借助新的组织环境，实现知识的合作创新。

2. 合作性的研究方式

"水本无华，相荡乃成涟漪；石本无火，相击乃发灵光。"互动才能产生精华。作为社会的人，教师也是在与他人的交互作用中开展教育活动以及自我发展的,师师互动对于教师的教学活动、心理状态、人际关系及专业发展具有重要的意义。例如山东省烟台市经济技术开发区实验小学与烟台市莱山区实验小学等八所小学,在中国教育科学研究院和山东省师范大学的专家、教授指导下,对"思维工具与合作学习融合撬动深度学习"这一项目进行合作研究与实践。不同的学校分工承担了不同年级不同学科的教材分析、教学设计任务,通过定期的理论学习和课例研究,形成了促进学生深度学习的有效策略,教师在互助合作中研究意识日益增强,合作文化日益丰盈,带动了区域内教师的整体发展。

另外,新课程的综合化特征,也需要教师与更多的人、在更大的空间、用更加平等的方式进行研究,教师之间需要更加紧密地在一起协作。但教师在学校日常工作中往往是相互隔离的,他们凭借个体的力量和智慧来解决课堂内外纷繁复杂的问题。在新课程改革背景下,教师的教学方式、学生的学习方式、学校的管理方式和评价方式都发生了变革,这就需要教师打破孤立的工作状态,在与同事的交流互动过程中建立相互开放、信赖、协作和支持的合作关系。

二、教育均衡对学校联盟建设的理想需求

近几年来,农村学生大量涌向城镇,其原因并不仅仅是因为父母进城工作,更深层的原因是追求城镇优良的教育资源。教育均衡发展尽管已经上升为国家战略,但在短时期内无法弥补城镇和农村学校在师资力量方面的巨大差异。城市教师到农村支教、城乡教师轮岗等措施还没有在更大区域内推广,学校联盟建设成为教育均衡发展的理想需求。

(一)教育现状

教育平等是相对的,教育不平等是绝对的。合理配置教师资源是城乡教育平等的基础和保障,但目前全国城乡师资力量的差距依然明显。尤其是进入21世纪以来,城乡之间教育资源差距越来越大,高学历、年轻化、学科专业化教师在农村学校短缺严重。

海阳市教师队伍状况更不乐观。从日益严重的农村教师发展失衡状态看,一是优质资源缺乏。据海阳市师训部门2015年的统计,小学段60%的英语、信息技术、音体美教师不是专业教师,没有经过专业培训;75%的语

文、数学教师担任两个及以上学科教学。二是农村教师专业化发展缓慢。因所处地理位置的限制以及农村教学点分布广泛等原因,农村学校教学资源严重不足、师资培训力量严重薄弱、教师参加集中培训的时间严重缺少。三是农村小学教师年龄老化、知识陈旧、职业倦怠严重。

如何在不平衡中寻找相对平衡的因素,作为学校除了加强对现有教师队伍的素质培训,已别无选择,作为校长当务之急就是在提高校本培训的同时,寻求更为高效优质的培训方式。

教育的发展,首先是教师的发展。教师队伍发展不平衡,就很难真正实现教育的均衡发展。尽管目前教师个体的自主发展在不同类型学校中呈现出了勃勃生机,但一个群体内所有教师共同发展的局面尚未形成,推进区域内教育均衡发展首先要研究的就是教师群体的自主发展培养模式及策略。

(二)国家决策

均衡发展是我国义务教育发展历史和现实的双重选择。新中国建立后,我国就把提高全民素质、普及义务教育当作崇高而神圣的责任。从把义务教育作为教育工作的重中之重,到把农村义务教育作为教育工作的重中之重,再到把均衡发展作为农村义务教育的重中之重,是教育工作重点的转变,也是教育思想的升华。积极推进县(市、区)域内率先实现义务教育均衡发展,依法保证每个适龄儿童接受义务教育的基本权利和享有均等的受教育机会,着力统筹地区、城乡、学校、群体教育均衡发展,构建教育均衡发展机制,是国家长期的发展要务。

2016 年 5 月 20 日,中央全面深化改革领导小组第 24 次会议审议通过了《关于统筹推进县域内城乡义务教育一体化改革发展的若干意见》。统筹推进县域内城乡义务教育一体化改革发展,是深入推进义务教育均衡发展、促进基本公共教育均等化的重要举措,是缩小城乡教育差距、全面完成教育脱贫任务的现实需要,是全面建成小康社会、实现中华民族伟大复兴中国梦的根本要求。

对基础教育均衡发展的含义,国家教育发展研究中心的解释是:基础教育均衡发展是一种理想,一种新的境界,一种新的教育发展观,一种科学合理的政策导向。其内涵主要包括:一是区域之间的均衡发展。省域之间、市域之间、县域之间、乡域之间,都要统筹规划,实现均衡发展。二是区域内部学校之间的均衡发展。三是群体之间的均衡发展。基础教育均衡发展的最终目标，就是要合理配置教育资源，办好每一所学校，教好每一个学生。

三、学校联盟：教师专业发展的必然路径

如何为校本研修注入新鲜的因素，激活教师专业成长的生命状态，王积众、亓殿强在《中小学校本研究指南》一书中指出："学校要善于为教师构建学习联盟，建立校际、区际等之间的联系，为学校教研组织搭建深入研究、系统思考的联盟。"[①]即以必要的专业引领为提升教研质量的前提，以丰富的多层次的教学智力和教学智慧为实践同伴互助的主要方式，以积极互动的合作热情为开展活动的情感基础，以对教学研究的敬畏为推动教研活动纵深发展的动力，这就需要建立一个多种力量介入的教研共同体，使教研活动形成从封闭走向多元开放的格局。因此，我们设想，如果几所有着共同发展的愿望、有着发展的共同愿景、有着共同教研需求的学校，如果在这个群体中的教师能够以合作的姿态共享优质资源、能够以研究的方法解决共性问题，如果学校之间能够高效率地组织教研活动，如果学校校长具有强有力的专业领导能力，那么学校就能为教师的专业发展开辟出一条新的路径。组建促进教师专业发展的学校联盟，成为学校的责任和使命。

"学校联盟"的构建，就是着眼于改变传统的自上而下的教研模式，改变教师被遵从、受支配的地位，改变教师各自为战的研究方式，使教师成为新课程组织、实施和开发的真正意义上的合作者。如果把雁阵效应引入教师同伴的互助性合作中，每一位教师都会把集体利益和个人利益等同看待，为了共同的发展目标，教师都会异中求同，尊重各自的文化背景，用多元的视角看待同一个问题，都会善待同伴同善待自己一样，在实践中增添彼此的情谊，在互助中获得共同的发展。

我们期待着在体验式和经验分享式的学校联盟建设过程中，首先能够框架起促进教师专业发展的学校联盟组织体系，确立基本的学校联盟组织框架，设置主要的组织机构，形成有效的组织运作方式；其次是能够建构起促进教师专业发展的主题教研活动体系，探索出主题教研活动的策划要求、组织形式、操作流程；最后是重构起促进教师专业发展的学校联盟教研活动评价体系，总结出相应的评价内容，形成较为科学的评价指标和评价方式。

---

①王积众，亓殿强．2005. 中小学校本研究指南［M］．济南：黄河出版社，2005（265）．

小　结

　　为教师寻找一条具有鲜活的持久生命力的发展路径是教育形势和社会形势发展所决定的。学校联盟的最终目的不是使学校完全的统一化、教师发展的模式化,而是通过整合优势资源,使差异学校之间由"输血"提升技能,到"自主造血"持续发展,从而推动每所学校自我建设、自我完善,真正以学校均衡发展实现区域教育均衡发展。在自主管理中"共享",在联动发展中"共赢",在文化共生中追求每一所学校的个性发展,这是联盟学校建设的意义所在。

第二章　基于自主创新理念的
学校联盟建设

　　曾读到一篇文章，讲梁漱溟对中西医之差别的辨析。文中说，梁先生起初颇感困惑：为什么中西医治病的对象是一个，但两者竟无法沟通？后来他发现，原因在于它们看待人体的"根本观念"不同——西医是"身体观"，而中医是"生命观"；西医把人体看成是静态的、可分的物质实体，而中医则把人体看成是动态的、不可分的"整个一体"；西医无论如何解剖，其所看到的仍仅是生命活动"剩下的痕迹"，并非生命活动本身，而中医看到的乃"生命之活体"。

　　我想，与"看人体"一样，人们"看学校"的不同，恐怕也源于由哲学本体论的差异而导致的"根本观念"的不同。持"生命观"的人，定会将学校视为"生命之活体"，视为"整个一体"的"生命的存在"。

　　如果承认每一所学校都是一个生命体，那么，我们就要尊重生命体存在与发展的那些常识。比如：生命体一定是"活"的、"长"的、"变"的；一定是一个开放的"自组织"系统；一定"每一个都不同"；一定有其自身生长的节奏与规律；一定要靠"自己生长"，且需要外部支持……而一个复杂、高级的生命系统，一定具有更强的"自由意志"——能够自适应、自调节、自我再生、自我复制，而且能自我选择、自我优化、自我批判、自我创造；同时，其系统内部各要素之间，也一定存在更复杂的非线性的相互作用。

　　　　　　　　　　　　　　　　　——沙培宁（中小学管理杂志社）

　　由上述常识出发，我们或许需要寻求某种更符合学校生命特质的教育管理的"范式转换"。比如：一个生命体的"自组织"功能愈强，其产生新功能的能力也愈强，因此，给这个生命体留下充足的"自组织"的空间，尊重其专业自主权，驱动其自主创新，乃学校管理部门之当为。学校联盟恰逢其时进入了我们研究的视野和实践的场域。

一、学校联盟的性质

查阅文献资料,很少有对"学校联盟"这一概念作出解释的,百度里输入"学校联盟"词条(2017 年 4 月)可以搜索到4,600,000个结果,这些结果中基本上是关于学校联盟的实施方案、活动总结、宣传报道等方面的行动实践,极少有对"学校联盟"做出概念的界定或是起源一类的探索和研究。本章旨在通过对"联盟""学校联盟"两个概念进行追本溯源的文献探究,对学校联盟的性质进行理性的探究,在行动上架构起学校联盟组织,并对学校联盟的文化生成进行实践性的探索。

(一)联盟

《现代汉语词典》对"联盟"一词的解释是:"两个或两个以上的国家为了共同行动而订立盟约所结成的集团,例如东南亚国家联盟、欧洲联盟;也指个人、集体或阶级的联合,例如企业联盟、党派联盟"。"联盟"译成英文有"union、alliance、coalition、federation、league、verein"等,其中"union"还有"和睦、融洽"的意思。"联盟"作为一个词出现,较早见于清朝俞樾的《春在堂随笔》卷六:"却好五云最深处,闲鸥威凤共联盟"、《天地会诗歌选·三河合水歌》之二:"地本出在三基河,结义联盟兄弟多。"康有为《大同书》乙部第二章:"同体、同力之联盟国既成,则亦有同州同教同种之联盟继之。"

历史上关于联盟问题的文献很多,但大多数主要是研究联盟建立(alliance formation)与爆发战争可能性之间是否存在关系,或者是研究依据政治、经济、军事等方面的考量而建立的地区之间相互制衡的政策。例如,汉斯·摩根索的经典著作《国家间政治》就通过大量的历史例证,对联盟进行了深入的讨论。保罗·施罗德认为联盟的目的主要是反对威胁、通过"限制性条约"来融合威胁,或者为大国提供一种管理弱国的工具。[①] 近现代的"联盟"主要是分部门的结盟,在具体的环境里,联盟的意义基本是一致的。

---

①斯蒂芬·沃尔特. 联盟的起源[M]. 周丕启译. 北京:北京大学出版社,2007:6-7.

（二）学校联盟

团体或是组织之间的联盟，最早并不是出现在学校，而是出现在军事、政治、经济等社会领域。学校联盟的形成和发展深受这些领域的影响，这也是教育作为社会的一种属性的自然发展规律。所以，对学校联盟进行研究，应该先了解影响其发展的社会环境。

1. 学校联盟的发展

作为部门内或部门间结成的联盟，较早见于 20 世纪下半叶出现的战略联盟、知识联盟、市场联盟、大学—企业联盟等，这些联盟的出现，对教育领域产生了积极影响，例如产业联盟：

产业联盟是指出于确保合作各方的市场优势，寻求新的规模、标准、机能或定位，应对共同的竞争者或将业务推向新领域等目的，各有关企业和相关机构等成员单位之间结成的互相协作和资源整合的一种合作模式。联盟各成员单位地位平等，独立运作。

自 20 世纪 70 年代末起，产业联盟开始在美国、欧洲、日本等发达国家和地区蓬勃发展。据统计，自 1985 年以来，产业联盟组织的年增长率高达 25%，在美国最大的 1000 家企业的收入中，16% 是来自各种联盟。进入 20 世纪 90 年代以来，产业联盟在我国也初见端倪，TD - SCDMA 产业联盟、宽带联盟、WAPI 联盟、闪联等一大批高新技术领域的产业联盟日益兴起。产业联盟目前已然成为一种重要的产业组织形式，对产业发展、企业成长特别是高新技术企业的快速成长具有重要意义。

产业联盟形成的另一个积极意义，是对学校教育的积极影响。各学校为克服自身的发展瓶颈，积极寻找具有优势资源的学校，在共同的愿景下自愿结为联盟。例如世界范围内较早出现的美国的"要素学校联盟"：

1979 年至 1984 年，美国教育改革实践家西奥多·赛泽与其同事对美国中学进行了为期五年的调研考察，发现美国中学存在着严重的问题。针对这些问题，赛泽提出了自己的改革计划并予以实践，他放弃了传统的自上而下的改革计划，没有提出一个新的或改良过的学校重组模式，而是设定了九项共同原则（后于 1997 年增至十项共同原则），学校以该九项共同原则为改革理念，结合各学校的处境与特色进行独有的学校改良重组。1984 年，赛泽与六个州的十一所自愿根据赛泽思想进行改组的学校在布朗大学成立了

"要素学校联盟"组织,联盟组织由赛泽领导,以九项共同原则为改革理念。①"要素学校联盟"是一个较为松散的民间组织,主要由"要素学校联盟国家办公室""要素学校联盟地方附属中心"、要素学校及部分组织或个体教师共同构成,期望建立真正公平、民主、尊重学生个性、发展学生智力,提高学生成绩的优质教育。要素学校联盟经过了三十年的发展历程,成了美国教育改革潮流中的一部分。

我国进入二十一世纪后,在新课程改革和教育均衡发展的外部形势影响下,学校之间的合作也逐步走向宽泛和深入。从结盟的学校看:有大学与中小学之间的联盟、基础教育阶段学校与职业技术学校之间的结盟、教师培训的专业机构与中小学的联盟、中小学之间的联盟等;从联盟的基础看,有基于共享资源的联盟、有基于同质发展的联盟、有基于差异互促的联盟等;从联盟的内容看,有发展学校联盟、教学研究联盟、课题研究联盟、教师专业发展联盟、学生创新联盟等。本书研究的学校联盟,是小学学段城乡不同类型学校之间的联盟,是以学校联盟组织的教研活动为主要内容,以促进教师专业化成长和学校持续发展为实践目标。

2. 学校联盟的现有形态

(1) PDS 学校

PDS 是美国专业发展学校的简称,是基于美国基础教育质量不高、大学教师教育与中小学严重脱节、教师无法形成反思性实践能力的背景下建立的。其意图是在大学教育学院与中小学之间建立伙伴关系,把未来教师的培养与大学教授、在职中小学教师的质量提升结合起来,改造大学教师教育和中小学教育,提升美国基础教育的质量。

著名教育家古德莱德在一篇学术讲演中指出:"学校若要变革进步,就需要有更好的教师。大学若想培养出更好的教师,就必须将模范中小学作为实践的场所。而学校若想变为模范学校,就必须不断地从大学接受新的思想和新的知识,若想使大学找到通向模范学校的道路,并使这些学校保持其高质量,学校和教师培训院校就必须建立一种共生的关系,并结为平等的伙伴。"1986 年,卡内基教育与经济论坛推出了《一个有准备的国家:21 世纪的教师》的专题报告,其中就提出了建立临床学校的主张,旨在加强大学与

---

①郑洁.“要素学校联盟”的理念与实践研究——20 世纪 80 年代以来美国进步主义取向的教育变革研究[D]. 福建师范大学硕士论文 .2011.

公立学校的联系。关于教师教育和基础教育改革的研究和倡议，为 PDS 学校的出现奠定了理论基础。而霍姆斯小组的出现和努力则最终促成了 PDS 学校的出现，并成为美国有统一规范的全国性组织。[①] 进入二十一世纪，我国一些发达地区，也出现了旨在推进学校教师专业发展的、不同形式的大学和中小学合作的组织。如：2001 年 5 月，首都师范大学在北京市建设首批教师发展学校。教师发展学校不是重建一所独立的专门学校，而是在现行中小学建制内进行的一种功能建设，它是大学与中小学的一种合作建设：通过大学教师与中小学教师的合作研究，在解决现实问题的实践中实现中小学教师教育，使他们获得有效的持续发展。

PDS 模式改变了传统教师教育中大学与中小学脱节的状况，成立了由大学教育学院和文理学院的教授、有相当教学经验的博士研究生、中小学教师、师范生构成的知识互补的学习型团队，在 PDS 项目设计、师范生选拔、课程开设、师范生实习等方面进行有效合作。制约 PDS 发展的主要原因是大学和中小学之间很难建立平等、合作、共生的关系，其资源也很难做到完全的共享。[②] 所以，其发展规模在很大程度上受到制约。

（2）共营小组

2003 年，华东师范大学和华师附小建立的以"共营小组（这种小组基本由 4 - 5 位教师自发组成，或跨年级，或跨学科，或同年级，或同学科的组合）"为主要形式的教师专业团队计划在附小全面展开，此实践变革已经在上海、南宁等地区取得了成功的经验和效果。建立专业团队的内涵是为了最大限度满足在学校环境中每个教师的专业发展需要，强调教师之间的专业对话和合作，营造教师之间专业合作的精神面貌和合作氛围，在学校中打造一支优秀的教师专业发展团队，从而推进每个教师在专业态度、能力和知识等方面的发展，提高课堂教学的质量和提升整个学校教育的水平。其组织形式类似于学习共同体，但共营小组内有大学教师指导参与的成分，而大学教师也在其中得到一定程度的发展。

（3）LDC 组织

LDC 的英文全称是：Learning and Developing Community 的缩写，其中文

---

①冷志强，张峰. 美国 PDS 学校与我国大学教育系科的转型[J]. 鲁东大学学报（哲学社会科学版），2010（1）：72-74.

②胡艳. 美国教师专业发展学校述评[J]. 中国教育学刊，2010（3）：65 - 68.

的含义为"学习与发展共同体"。其目的主要在于促进教师专业能力的发展,促进学生进行高质量的学习,以适应社会变革。项目总发起人康长运博士曾这样介绍LDC:通过大学专业人员和学校教师与实践工作者共同努力,创造一种环境,一种机制,让老师们和大学专业人员共同根植实践,研究自己的课堂、自己的学校、自己的孩子和教师自己,研究人员将自己置身于研究之中。通过形成开放、包容、支持性的组合环境,促进教师的个体与群体的专业发展,实现自我发展,进一步影响并改变人们的思维方式和行为方式,使教师的基本价值追求和行为方式发生一种积极的渐变……最终真正"走向卓越"!LDC组织里的学校教师,并不是针对的某一所学校,而是有共同发展意愿的多所学校的教师团队。

上述三种形态,都是通过大学研究者和中小学教师的合作,以不同的组合形式促进教师专业发展的共生性组织,它们是结合自身实际和资源优势在某一特定历史时期建立的区域性教师学习组织。它们的出现,给各种学校之间的联合提供了学习和借鉴的范式。

目前,海阳市域内没有跟学校进行合作研究的大中院校,学校也缺乏跟大中院校联合的基础和视野,更没有自上而下的行政推动式的学校联盟的政策和环境。县域内唯一的一所教师培训机构,尽管其主要职能从成立之初的以中小学教师的学历补偿教育为主转向以中小学教师继续教育工作为主,但教师的培训工作仍然薄弱。当县域内学校真正处于"孤立无援的"的发展状态,我们只能从基础教育学校中寻找合作伙伴,只能寄希望于我们内部组织机制的转变而不断适应外界环境的变化。因此,我们积极借鉴各地先进经验,努力探索适合县域学校联盟的形态。

3. 学校联盟的特点

学校联盟是基于共同的利益追求,围绕共同的发展目标,遵循共同的联盟规则而自愿组成的学校联合体。在这样的组织中,发展人是基本的组建目标,获取教研知识是基本的生活方式,平等自愿、合作对话是基本的组织原则。

综合海阳市各小学的状况,我们选择了将教师专业发展作为共同目标的凤城街道中心小学、育才小学、亚沙城小学三所城乡学校组建成学校联盟。学校联盟在组织形式、领导方式、发展理念等方面的特点是:

(1)非行政意义的组织形式

学校联盟是一种非行政意义的组织,它不同于有些学者提及的兴趣小组、教师学习共同体、教师社团活动等，也不同于社会上的志愿者组织。它是由教师以研究、改进工作和自我发展为宗旨，通过自愿组合而形成的，是业务型的组织，但不是行政规定的教研组或年级组。它是为实现学校转型、促进教师专业发展而创建的一种新型组织形态和运行机制。在这种组织中，教师感到这是自己的选择，活动的指向、内容、方式等方面都由教师自己决定，学校行政组织的作用只是给予包括活动经费在内的多方面的支持，为教师提供展示自己工作成效的平台。学校联盟的存在不排斥行政性组织，而是与其形成互补互动的关系。

（2）分布式的领导方式

学校联盟是教师知识建构与意义的学习媒介，对于不同的课程以及同一课程不同的学习任务、主题，每教师都有各自的知识建构图式，这一图式经联盟学校成员间的意义协商而加以确定。意义协商既需要"高人"的点拨，更需要"尺码相同者"的争论，而不仅仅是"小圈子"内几个人的简单"帮扶"。

随着"互联网＋"时代的到来，众多实时交流互动平台涌现。借助实时通信软件（如 QQ 群、微信群）和其他网络工具，学校联盟的组建摆脱时间、空间的限制，真正超越学校的边界，实现了对"学校"的重新定义，在新的学校联盟中，人员不再固定，规模不再固定，成员可以方便地"进出"，不再局限于简单的位置关系，不再局限于同校教师，可以有更多的"陌生人"加入。这样，不同的话题、任务就会聚集不同的人群，学校联盟真正成为有共同语言的"知己者"的集会。[①] 因此，学校联盟的领导方式不是一校之内的行政领导模式，而是一种基于自组织下的分布式领导模式。

分布式领导，是 20 世纪 90 年代提出的一种新的领导理论，是分布于联盟组织中的领导者、追随者和特定情境交互作用网络中的一种领导实践理论，它强调领导的实现是领导者与其他因素交互作用的结果，而不是领导的个人行为的作用。

这里的"领导"是引领与影响，强调"专业性"而非"行政性"；"分布式"指这种"领导"在联盟组织中不是集中在几个人身上，而是"领导"的行为是每个人都可以有的，是"非集权""非集中"的，是合理地分布在联盟成员中的。"分布式领导"这个概念的核心意义在于倡导在学校联盟中一种项目领

①崔志钰. 走向多元共治："互联网＋课堂"的教学变革[J]. 中小学管理,2016(7):12.

导的分布式格局,使学校联盟中的所有成员都可以、都可能发挥项目领导的作用,从而使学校联盟成为学校资源丰富而合理、项目研究生生不息的场所,充满生机和活力。

分布式领导最重要的特征是"共同行为"——教师在一起工作,相互激发潜在的首创精神和专业特长,彼此作用,产生创造力远远高于个人行为的结果。

(3)服务于教师发展的先进理念

在教师的教学生活中,教师总是一种各自为战的状态,是孤独的和隔离的,由于缺乏互动和分享,教师专业发展中弥漫着无力感和疏离感,尤其是在日新月异的信息社会的今天,教育变革使得以往的经验越来越捉襟见肘,与他人的联系就成为必需。学校联盟能够为教师专业发展提供学习资源,促进教师之间的分享,创设合作对话的平台,激发教师积极主动参与,让教师在良性生态环境中汲取专业发展的营养。

尤其是在"互联网+"时代,学校联盟正通过自己的角色重塑诠释着新的意义。学校联盟首先是个"配菜者",根据教师个性化的学习需求,调配形式多样、营养适当的学习菜单,供教师自主"点菜";学校联盟其次是个"调味师",将教师的学习菜单烹制成味道鲜美、可口的菜肴,供教师自由"觅食";学校联盟还是个餐厅"服务员",守候在教师身边,随时满足教师的学习需求,提供及时的服务。教师的学习需求是多样的,让每个教师以自己的方式选择自己感兴趣的内容进行适合自己的学习,实现"自助餐"式的学习,这是一种教师专业成长的"供给侧"变革,即通过改善学校学习资源的供给,实现教师团队的持续优化。[①] 学校联盟以"服务教师、支持教师、发展教师"为宗旨,鼓励教师将完成教育教学任务与自身专业发展融为一体。

二、学校联盟的组织建构

一个组织必定有其组织构建的内在机理。因为参与人员的不确定性,学校联盟更需要构建一套能确保联盟组织运行的机制。我们尝试从学校联盟的组建条件、组织运行、组织保障等方面,赋予学校联盟生态性的文化特质。当然,作为始生之物,萌芽阶段需要的是更多的宽容和关爱的环境,因

①崔志钰.走向多元共治:"互联网+课堂"的教学变革[J].中小学管理,2016(7):12.

此,我们组建学校联盟时,更多的是关注理念的变革,强调一种民主的、开放与合作的学校联盟文化的创生。

(一)组建条件

校长的学校发展共识、学校的资源条件、教师专业发展的需求等,是组建学校联盟的主要条件。

1. 学校发展的趋同性

"趋同"是"向着同样或相同的方向发展"。不同的学校在发展过程中,会表现出很多的相似性或是共同性,尤其在学校发展的规律性、教师成长的阶段性、文化成熟的独特性、目标实现的周期性等方面,学校之间有共同的话语。"趋同性"就会把这些学校联系得更加紧密,进而会促进学校向着相同的方向发展。"趋同性"就过程而言,可能是相同的,但终极发展目标,会呈现出各不相同的表现形态。因为对于学校教育而言,只要是坚持以人为本的教育理念,学校的发展目标就会是有差异的。不管学校的办学条件如何相似、学校的内外部资源如何相同,由于个人或群体对于教育的理解不同、追求不同,不同学校的发展目标是在党的教育方针指导下的"一校一貌、一校一品",即"相同目标下的学校个性化存在",从这个角度上看,"学校发展目标的趋同性"是永远行走在路上的风景。

我们联盟的三所学校,从联盟前到联盟后已经举办过十多次新校长沙龙、领导干部创新管理论坛、班主任工作讲坛、课例研讨等活动,这些活动的举办,不仅使学校建立了稳定而紧密的校际合作关系,更为重要的是,学校之间有了相同的发展目标和方向,即"让学校的每一个角落都能体现出创新的自由和专业的尊严、让教师的每一天工作都能充满成长的梦想和教育的激情、让学生的每一个时刻都能接受文化的熏陶和学习的体验"。共同的目标,引领着三所学校共同发展。

时间	形式	主题
2012. 12. 8	新校长沙龙	新形势下校长抓好工作落实的有效策略
2013. 3. 24	新校长沙龙	新形势下学校内涵发展的策略
2013. 9. 17	班主任工作研讨	班主任工作的策略
2014. 5. 26	新校长沙龙	校长对学校课程建设的领导力和文化建设的影响力

2014.6.9	教师学习与发展共同体对话	语文、数学学科复习教学策略
2015.4.27	创新论坛	学校管理理念指导下的管理行为
2015.7.28	课例研讨	基于课堂学习目标的学习评价
2016.4.18	课例研讨	大问题教学的"目标—教学—评价"一致性实践操作
2016.12.22	专家讲座	教学评一致性诊断技术

2. 学校资源的差异性

结为联盟的学校在师生群体等方面存在明显差异,这些差异能促进学校之间的相互吸引,增强学校联盟的凝聚力。

(1) 师资队伍差异

我们结为联盟的三所学校的师资队伍状况差异明显,例如 2016 年育才小学教师平均 40 岁,亚沙城小学教师平均 36 岁,凤城小学教师平均 43 岁,年轻教师充满活力、激情洋溢,年老教师成熟稳重、经验丰富,不同年龄段的教师在一个研究群体里,能够相互转化研究角色,能够带动学校联盟的持续发展;育才小学学科骨干较多,有县级以上学科带头人 14 名,亚沙城小学教师在校本课程建设方面突出,凤城小学教师研究意识浓厚,三校组建联盟,能够在"同质促进、异质互补、文化融合"的发展愿景下,最优化的利用各学校资源,实现教师专业的快速发展。

(2) 教师个体差异

个体的差异性是个体在社会生活中表现出来的不同的个性品质,它表明每一个个体都是具有独自内心精神世界的、鲜活、生动、特殊和具体的生命个体,是一个不可重复的、不可再造的价值主体。

教师是一个个活生生的个体,他们对专业知识、社会、人生、思想和情感等等,都有着自己的理解和认识。教师不同的个性特征、不同的思维方式、不同的处事态度、不同的心理需求、不同的行为准则、不同的优势特长、不同的价值取向等,构成了多元的生态环境。在这样的环境里,教师的专业发展才能呈现出生机和活力。

教师在专业发展方面最能体现个体差异的就是教师的课堂教学风格。教学风格是教师在相对独立的、稳定的教学方式的基础上形成的。例如魏书生的"自主"、黄玉峰的"生活"、程红兵的"人格"、李镇西的"民主"、窦桂梅的"主题"、苏静的"诗意"等已成为教学灵魂的风格;再如"亦师亦友,亦张亦弛""疏密相间,巧拙相承""诗情哲理,灵动深邃""平等自由,朴实典雅""智情并重,快乐课堂""随兴而至,取法自然"等普通教师日趋稳定的教学风格;又如学校联盟内教师初步形成的教学风格:

教师	学科	风格特点	风格描述
陈燕	音乐	幽默生动	课堂语言生动形象、机智诙谐、引人入境
程荣珍	数学	清新自然	知识在无声中获得,思维在碰撞中提升,学生在不经意间得到发展
姜俊丽	语文	大气、才气、灵气、和气	语言幽默风趣,教学设计简洁大气,课堂教学自然深刻
蒋岚	语文	朴实、扎实	平实简单的教学设计,朴实无华的教学语言引领学生学习
王晓静	英语	肢体语言的互动交流	运用肢体语言为学生创造一个比较轻松的英语学习环境,师生互动,生生互动
李丽	品德	简单的课堂结构、激情的语言交流	聊课式的沟通方式、座谈式的交流方式,动静相宜的学习状态,激情地表达与沉静地思考相结合
尚晓燕	数学	简洁、思辨	简洁、思辨,让学生亲历知识形成的过程,注重让学生掌握一定的数学思想方法
汪敏	语文	简约、朴实,本色课堂	简单不失丰厚,朴实不失严谨,大气不失生机
邢陈强	语文	充满激情、善于追问	真(真实的思维追问)、善(关注每一个学生的思维状态)、美(创造激发思维的情境)

这些迥异的风格,不仅能够丰富教学理论、优化教学策略,更能够满足学生千差万别的认知水平和接受能力。现代心理学研究表明:一个富有创造性的教师应当在教学活动中超越任何一种模式的束缚,他应当是一个有节制的不顺从者。成熟的教学风格,往往凝聚了教师在教学艺术上倾注的心血,具有吸引学生的魅力。

(3)学生群体差异

学校之间的学生差异,属于一种群体间的差异。每个学校的学生,都带有自己学校的文化烙印,这种群体间的差异,也是学校差异的显著特征。学校联盟还要充分考虑各学校学生群体的差异,这样才能更有利于教师的专业发展。例如,城市小学生的视野开阔、接收信息渠道广泛、接受教育的群体素质相对较高等,农村学生则淳朴朴素、吃苦耐劳、没有太大的学习压力,来自家庭的教育欠缺等。三所学校学生因为父母文化程度、家庭教育水平等导致学生接受教育的背景也有较大的差异。

下面的统计中,可以看出学生获得县级以上奖励的比例跟父母文化程度之间是同步增长的关系,即城市学生的发展质量优于农村的学生。

内 容 比 例 学 校	父母双方文化程度		留守儿童比例	每年学生获县级以上 奖励的平均比例
	高中及以上	初中及以下		
育才小学	86%	14%	0.4%	6.4%
亚沙城小学	56%	44%	3.8%	2.3%
凤城小学	47%	53%	8.5%	1.9%

承认与善待、尊重与适应、利用和发展学生的差异,是教育的起点和终点。教育社会学的互动原理指出,在一个教学群体中保持一定的差异,有利于学生之间的互动,而适当的互动是维系人际关系、促进交流和形成集体的重要因素。教师通过提供多元刺激的教学环境、开放可选择的学习内容、开展合作学习等策略,对差异资源进行合理地配置,集思广益,优势互补,这也是提高教师专业化水平的一个重要方面。

3. 教师发展的合作性

合作发展的思想,在我国古代就产生了,如《诗经·卫风》中指出"有匪君子,如切如磋,如琢如磨",《学记》中也记载"相关而善之谓摩""独学而无友,则孤陋而寡闻",意思是学习要相互商讨、共同提高。[①] 到了 20 世纪 30 年代,教育学家陶行知先生针对当时中国师资匮乏的现状,打破了传统的师傅带徒弟式的方式,提出了"艺友制"的构想,丰富了教师之间平等交往、合作学习的内涵。[②] 合作学习在学校教育中得以重视和应用实际上是在 20 世纪 60 年代以后,教育心理学和认知心理学领域对小组过程的研究在很大程度上受到不断发展的建构主义学习观的影响。建构主义认为,认知就是社会过程的结果。[③] 皮亚杰认为最有益的社会互动发生在具有社会性对称(知识、权利等)的同伴之间,这样的同伴更有可能进入真正的理性协商。所以,合作是联盟的基础。

---

①郑金洲. 合作学习[M]. 福州:福建教育出版社,2005. 19.

②高向斌. 走向合作性教学 [M]. 太原:山西教育出版社,2005. 32.

③赵健. 学习共同体—关于学习的社会文化分析[M]. 上海:华东师范大学出版社,2006. 135.

　　合作，既是一种学校教育目的，也是一种教师发展方式。从教育目的的角度看，学校教育最为重要的任务，不是教给学生多少知识与技能，更不是提高学生的考试成绩，而是通过在学校中的学习与生活，形成学生独立自由的人格，教会学生与人交往沟通和协作共事的能力。从发展方式的角度看，学校的健康持续发展，不能靠政府的控制性管理，不能靠一所学校的单兵突进，不能靠校长、一个部门或几个人的力量，也不能靠高利害的竞争性驱动，而是要学校自主地、积极地基于自身情况，联合校内外多方力量，以互助共生的方式，协力促进教师的专业发展。

　　合作有助于形成良好的同事关系，使教师之间能够在知识和信息上充分交流、共同分享，在思想、信念、态度等方面互相影响和促进，从而为个体发展和教学水平的提高创造有利条件。所以，教师成长的环境最主要的不是让教师学习某些学科知识或教育知识，也不是个别教师的孤独"反思"，而是根据共事、开放、信任的原则，构建一种合作的教师文化。

　　学校联盟并不是一个同质的群体，因为教师学科、专业、年龄、性别、个性、经验等方面的差异性，学校联盟活动的过程就成为教师不断交流、合作、冲突、弥合的过程，在这个过程中，如果教师之间构成了一种彼此信任、互相开放的交互主体性的关系，每位教师一方面敞开自己的视界，同时又可以进入他人的视界，不同视界彼此交织，就能实现"视界的融合"。由于联盟的每一个成员的视界总是处于变化与发展之中，因而学校联盟就为成员不断提供新的学习资源，反过来成员的发展又促进了联盟学校的发展。

（二）组织运行

　　学校联盟作为一种新的学习组织，我们在不断借鉴吸收其他学习组织运行模式的同时，尝试创生新的运行模式。

1. 机构设置

　　首先，学校联盟依据矩阵式组织原理，设置由区域内专家、学校校长、学科领导等组成的教师发展指导中心、教师发展研究中心、教师发展评价中心，其职能分别是：

　　教师发展指导中心是构建发展项目的理论基础、基于教师真问题真需求设计教师发展方案、撰写教师专业发展报告、建设促进教师专业发展的学校联盟文化等；教师发展研究中心是有效执行教师专业发展方案、了解教师专业发展中的问题困惑、有证据地组织研讨、为参与教师提出发展建议等；

教师发展评价中心是及时评估反馈教师发展效果、针对生成的问题提出整改方案、按照教师发展标准对教师发展水平进行评估等。

其次,联盟学校各自在本校内选拔由主管领导、学科领导、学科组长、学科骨干组建成科研中心、教研中心、第三方评价中心,三个中心的职能分别与以上三个中心相对应,并分别在教师发展指导中心、研究中心和评价中心的引导、示范、号召、建议下开展工作。

最后,学校联盟实施扁平化的组织管理。因为学校联盟组织是基于共同愿景构建的,它的组织运行不是靠上级主管部门的行政力量推动,而是通过不断满足团队教师发展的内在需求、激发教师的内生动力来实现组织运行的。因此扁平化的组织结构能够减少管理层次,增加管理幅度和分权,使教师获得更大的发展自主权,人人都可以成为某一部门的专家。

2. 领导方式

学校联盟实施分布式领导的方式。分布式领导实施的途径首先是建立深入到每位教师心灵而又聚焦于学校联盟共同向往的发展愿景。因为,共同向往可以使联盟组织保持活力,但这种共同向往又应该尊重每位教师的心灵,只有如此,组织愿景才能成为每个人的活力源。从这个意义上说,分布式领导格局形成的过程就是将分散的个人活力汇聚成组织活力的过程。

其次,建立一种能不断开拓个体与组织创造力的组织方式。这种组织方式追求的是由集权式领导走向分布式领导,由个人英雄主义式发展走向抱团发展,唯有如此,才能为教师的专业发展带来实质性的成长。

最后,建立一种能够促进每位教师专业发展而又能让每一位教师成为联盟组织集体知识创造者的平台。只有教师发展,才有学生的发展,而教师的长久活力,在于不断的专业发展,没有不断的专业发展,教师就很容易陷于职业倦怠。因此,分布式领导不是为某几位教师设定的个人理想,而是通过建立创造联盟组织的团队愿景,体现出一种合理的"分布式结构",这种分布式结构呼应每个教师的个性化发展,最终成就每位教师的职业幸福。

3. 运行模型

我们借鉴罗瑞·曼娜斯共同体建设模型，创建了学校联盟的循环互动的运行模型。

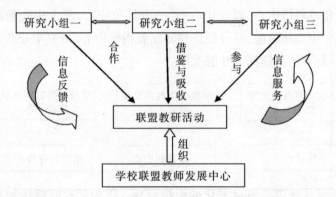

这一模型有五个动态的活动过程，即组织、合作、参与、经验借鉴与吸收和信息服务与反馈。学校联盟教师发展中心组织设计和开展联盟活动，将信息发布给联盟学校，然后联盟学校共同成立相应的研究小组，各小组通过参与、合作、借鉴与吸收来实现学习和研究，并将活动情况反馈给学校联盟，以便进一步改进教研活动的设计、组织和设施。在这一互动交流的过程中，联盟成员实现自己和联盟学校的共同成长。

例如"学校联盟创新管理论坛"的组织运行模式：

学校联盟创新管理论坛活动方案

一、论坛主题

学校管理理念指导下的管理行为

二、时间及地点

2015 年 4 月 27 日下午 1：30　　　　育才小学会议室

三、参加人员

联盟学校领导干部

主持——任君梅；梳理员——于竹平

四、活动程序

(一)领导干部分组研讨(1：30—2：20)

分三大组进行：(要结合具体工作阐述,有典型的具体的案例,能体现出本校的管理理念及本人的管理思想)

A组：跟问题学生的家长进行沟通的策略及技巧

B组：解决教职工职业倦怠的方法

C组：落实工作计划的有效措施

小组划分：

A组：高文军、汪敏、李世兰、于竹平、王雪梅、孙志明

B组：徐英俊、邢陈强、高飞、荆福娟、赵金鹏、于见秋

C组：初向伦、邢桂霞、刘云霞、姜明明、修洁、徐鹏涛

组内抽签分工：1号—时间和噪音控制员;2号—组长;3号—记录员;4号—海报制作员;5号—中心发言人;6号—服务员。

活动基本要求：为自己的小组确定一个响亮的组名;设计一句响亮的口号以及恰当的表现形式;海报设计美观大方,内容简洁扼要;建议每位成员都要协助中心发言人上台展示。

总时间控制员：邢桂霞

(二)茶歇时间：高飞(2：20—2：35)

(三)小组展示(2：35—3：20)

(四)梳理员梳理(3：20—3：30)

(五)校长总结(初向伦校长)(3：30—4：10)

(六)精彩回放(活动始终以及每个成员都要有镜头出现)

五、物品准备

便利贴、序号卡、彩笔、铅笔、橡皮、四开画纸、直尺、水果、双面胶等。

学校联盟教师发展指导中心根据三所学校在特色发展方面的需求,发布并组织了本次论坛活动。各成员分成三个讨论小组,围绕管理方法、管理原则、管理艺术、管理智慧、管理风格等话题,互动交流,思维碰撞。在研究的过程中,各成员积极参与,协商合作,及时将研究信息传递给学校联盟教师发展中心,并接受发展中心的指导。

（三）组织保障

苏霍姆林斯基曾说过："如果你想让教师的劳动能够给教师带来一些乐趣，使天天上课不至于变成一种单调乏味的义务，那你就应当引导每一位教师走上研究的这条幸福的道路上来。"实践中，各学校都有自己校本化的规章制度，这些制度的建立和完善，应以教师为本，充分发挥教师的自主精神，为教师创设广阔的发展空间，促进每位教师的专业成长。

引导，既有制度层面的规范化引导，又有文化层面的自觉性引导。学校联盟以各校校本制度为基础，遵从校本制度的有关规定，规避学校制度和联盟制度的冲突，把零散的个体学校组成一个有研究能力的组织。为形成组织运行的约束力，学校联盟了制定共同遵守的工作章程：

学校联盟工作章程

第一章　总则

第一条　为进一步促进学校的内涵发展，加强校际的合作交流，发挥区域教研的整体优势，促进教师专业化成长，成立了由育才小学、凤城小学、亚沙城小学组成的学校联盟。

第二条　联盟工作的指导思想是：以推进素质教育为目标，以教学研究为中心，搭建合作平台，共享理念、资源和成果，促进教师成长专业发展。

第三条　本联盟是本着优势互补、共同发展的原则组合成的学校发展联合体，暂由三所学校自愿组成，教师自愿参与。各学校及成员自愿遵守本章程。

第二章　任务和工作内容

第四条　联盟工作的内容和方式是：结合各联盟学校的实际，发挥各学校的资源优势，积极开展多形式、多渠道、有成效的教研工作，通过联盟教研机制建设、联盟教研文化发展促进联盟学校教师的共同发展。

第五条　联盟工作的目标任务是：加强校际交流，开展教学研究，探索教师专业发展模式。

第六条　联盟工作的具体内容有：

（一）构建网络平台，解决实践问题

围绕理念共享、资源共享、成果共享的目标,克服学校布局分散的困难,提高联盟学校教师教研信息化水平。联盟学校间构建网络平台,以加强校际的互动交流,及时解决校本教研中无法解决的教学问题。

(二)开展教研活动,提高研究水平

加强组织建设和文化引领,通过专家引领、报告讲座等形式,指导成员做好研究规划,集中研讨和分散研究相结合,网络研讨和现场研讨相结合,努力提高成员的研究意识和水平提高。

(三)倡导读书活动,积淀文化素养

坚持高质量的推进成员的读书活动,通过读书汇报交流、读书演讲、征文等活动,让成员养成自觉读书的习惯,丰厚理论基础,提高人文素养。

(四)举办管理论坛,凝聚管理智慧

通过举办管理论坛,打造智慧碰撞的平台,让成员从中学会管理技能、提高管理智慧。

(五)分工合作研讨,共享研究成果

对于一所学校无法完成的研究项目,由联盟各学校分工完成,借助集体智慧,实现联盟学校教师的共同成长。

第三章　权利和义务

第七条　联盟成员学校享有的权利:

(一)享有参与联盟重大问题的讨论、研究、决策和参加联盟组织的活动的权力;

(二)可以共享联盟内的优势资源和教育信息;

(三)可以用联盟的名义开展有关活动。

第八条　联盟成员学校要承担的义务:

(一)遵守本章程,执行联盟有关决议,并向联盟通报有关情况;

(二)根据本章程,为联盟成员单位教师提供实践锻炼机会;

(三)根据本章程,积极为联盟工作献言献策。

第四章　组织结构

第九条　根据工作需要,学校联盟设立教师发展中心,是联盟工作的最高决策机构,成员为联盟学校各校校长,具体负责各项活动的组织和实施。

第十条　本章程由学校联盟教师发展中心负责解释。

《学校联盟工作章程》主要从学校联盟的任务和工作内容规定了学校联盟的组织行为,并提出了联盟学校相关的权利和义务,成为联盟学校实现教师共同发展这一目标的具有约束性的制度。

(四)组织定位

要最大限度地发挥某个组织的预期功能,对其进行准确清晰的定位非常重要,否则就会导致关系不清、功能错位等问题。

学校联盟组织是为增强组织活力,促进教师专业发展而创建的新型组织形态。这一创新是在对学校教师专业发展现状有清楚认识的基础上进行的,是在学校领导认识到原有的学校组织对教师的主动健康发展的束缚和制约的情况下所开展的学校组织层面的变革。正因为传统的科层制学校组织具有层级管理、行政命令与服从、严格的规章制度等特征,限制了教师在自身专业发展上的自主性、创造性,学校才采取创新举措,更新学校组织内部结构形态,以期为教师的主动健康发展创造坚实的组织基础。

因此,学校联盟组织应该是一种这样的组织形态,它是与学校行政组织并存于学校组织内部的,是行政性组织的补充力量,它是纯粹业务型的组织,由教师以研究、实践、改进工作与自我发展为宗旨,通过自愿组合而形成的。在这种组织中,教师拥有活动内容、方式等的决定权,组织的活动关注各个层次教师成长的动态过程,并将日常实践与研究紧密结合起来。

三、学校联盟的文化形态

我们所倡导的学校联盟,初衷在于建立一个富有激情、凝聚智慧、放射活力的教师成长环境和成长机制,在这里没有年龄、资历的差距,只有智慧与激情的共生。我们的目标就是对联盟组织的活动进行理性化的加工提炼,从而概括出鲜活的、对今后工作具有指导借鉴意义的经验,形成富有成效的教师共同成长的区域特色。在这个过程中,我们深深感受到组织文化的魅力,它能将每个陌生人引上理性的成长之路。

哼德奇说:"人既创造文化,又被文化所感染和熏陶。一所学校文化场形成,它就对存在于它的'场'内的每一个成员都施加一些'力'和'能量',具有激励和凝聚、熏陶和潜移默化、自律自省和约束、扩散与辐射的功能。"学校联盟文化,应该是一种基于自组织的生态文化,我们需要做的就是为教师的专业成长提供阳光、雨露和肥沃的土壤。

（一）尊重联盟学校的文化差异

不同的学校，就有不同的学校文化。联盟各学校的文化只有最大限度的实现融合，才能充分发挥文化的功能。文化融合是异质文化之间相互接触、彼此交流、不断创新和融会贯通的过程。融合体现了在互补和互惠关系中寻求平衡的倾向，是文化发展演进过程的必然步骤。文化的融合不是整合形成单一的另外一种文化，而是一个赋予原有文化生命力和发展动力的有层次性的互动过程。

文化融合视野中的学校联盟，首先体现在对各自学校原有文化的尊重。尊重是融合的前提，没有尊重，融合就失去了基础。其次体现在各学校间多元文化的融合。要实现融合，各联盟学校就需要一个共同的发展愿景（目标和理念在方向上的一致），需要一个共同的教师专业发展平台（联盟教研）。

育才小学是一所教育局直属的学校，学校尽管建校仅二十年且经历两次搬迁，但却形成了深厚的"和美"文化底蕴。学校师资力量雄厚、教学设施一流、教学质量领先，人文化、精细化管理科学高效。"问题—策略"式课堂教学研究独具特色，学校课程建设有声有色。"和美"教育理念已经内化为师生发展的内在动力。

凤城街道中心小学是一所乡村小学，学校积极打造凤凰文化，实施"养心教育"，形成"发展核心素养，塑造美好心灵"的办学思想，以"我心飞翔"为校训，将教师专业发展作为学校内涵发展的核心，借鉴雁群队形独特、借力飞翔、头雁轮换的飞行特点，组建目标一致、个性发展、以强带弱、优势互补的雁式团队。针对课堂教学中学习目标模糊、学习评价缺失、教学评古分离等问题，实施"教、研、训"联动策略，充分发挥"头雁"的引领作用，以"学评教一致性"的研究与实践为抓手，构建具有校本化特点的学评教联动课堂，通过提升教师的学科素养，树立教师学科教育的大教学观，促进学生核心素养的科学有序发展。

亚沙城小学也是一所教育局直属的学校，是继第三届亚洲沙滩运动会在海阳成功举办之后，由海阳市委市政府投资兴办的一所新校。学校以"德能并修，追求师生自主和谐发展"为办学理念，积极实施"启智养德、情智共生"的"德馨教育"。以主题教育活动为载体，关注学生的"慧心"，让"德"积淀为学生丰厚的人生底蕴。开发以"百川整合""源头拓展""潮汐体验"三大类课程为主的"海蕴"课程体系,发展学生创新能力,提升核心素养。

和美文化、凤凰文化、海蕴文化体现了联盟学校在文化理念、文化途径等方面的差异,当然,联盟的三所学校也有明显的文化共性,如尊重和继承文化传统、适合校情的文化理想等。学校联盟正是立足于三所学校文化的差异,积极构建一个共性的文化场域,使之成为学校联盟教研的实践基础。

(二)构建学校联盟文化形态的路径

20世纪末,彼得·圣吉提出的学习组织理论已经风靡全球各个领域。学习型组织理论对于建设校本学习文化很有价值。综合国内外学者的研究,学习型学校的特点可概括为:学习型学校是学习系统的组织;学校形成了共同的愿景,有共同的价值观和规范;学习不只是学生的事,也是校长和教师等所有员工的事,每个人都在学习文化氛围之中;校长要成为学习的领导者,同时教职工相互支持和共同领导,鼓励多元对话文化;学习不只是教师个人的行为,也是组织行为,是团队行为,学校是学习的"共同体";通过行动研究将组织学习建构在教师工作中。学习型学校营造的是一种合作学习文化,教师之间相互支持、相互配合、相互对话、相互观摩、相互交流,形成一种知识共享、智慧分享的文化。

学校联盟作为一个超越学校界限的学习型组织,是一种以学习为中心、以合作为方式的文化形态。其构建路径是:

1. 明确共同目标。共同的发展目标是凝聚联盟学校的核心,没有共同目标,联盟学校就是"一盘散沙",也就失去了联盟的功能和意义。

2. 建立组织机构。学校联盟教师发展指导中心、研究中心、评价中心分工明确、相互协调、各尽其职。作为自组织下的联盟,一些重要的职位采取轮值的方式,使联盟组织更为自由、民主、平等和开放。

3. 发展合作关系

联盟学校权益平等,资源、成果共享,合作发展,共同进步。联盟的各学校不管学校大小,也不管是名校还是普通学校,在联盟组织里,都是一个成员学校、合作学校。同时,联盟学校的制度文化、管理文化、教研文化各不相同,只有在相互尊重的前提下,才能实现平等的合作。

4. 实施行动研究

学校联盟可以为教师专业化发展提供发展规划、职业规划、课程教学、信息咨询、观摩交流、培训提高、深度研修、总结推广等方面的服务。这些内容也正是当前教师主动发展所匮乏的,对这些问题实施行动研究,对教师的专业成长具有重要的现实意义。

5. 形成文化系统

首先联盟学校的文化应该是人文性的,即学校是人文性学校,这有利于培养教师浓厚的研究兴趣和敏锐的创造力,也是教师专业自主发展的原动力。具有人文意义的个体学校组建起的学校联盟,在合作文化理念指导下能够形成以合作为基础的共性文化。这种共性文化是原生态的,是学校联盟文化的基础,没有这种文化基础,学校联盟就没有创生新文化的基因。在共性文化影响下,一方面教师在与联盟成员的合作研究中,促进了自身专业化的成长,另一方面,教师的专业自主成长,也进一步地促进了学校的人文性建设。这也说明了个体文化与组织文化同质互促的作用,组织文化和育人之间存在必然的联系。

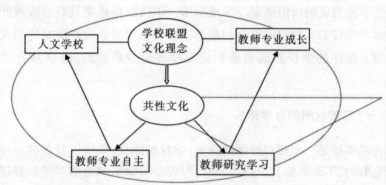

当一个联盟组织的文化形态已然形成,也就标志着这个组织的学校发展定位、研究团队组建、研究氛围营造、发展目标确定等工作的顺利完成,一个以学习为核心、以合作为方式的联盟组织也就宣告成立。

四、学校联盟的未来展望

近年来,翻转课堂、微课程、慕课等新的教育形式快速崛起,信息技术对学校教育产生了越来越大的影响。"互联网＋教育"的出现,孕育着一种全新的教育形态。面向未来学校的挑战"不管你是否愿意,学校的围墙一定会被打破,'互联网＋'教育变革将会重构学校教育的生态系统。"北京师范大学余胜泉教授曾构想这样的"互联网＋"时代中未来学校的模样和未来学习的样态:在一个学校空间和网络空间交织在一起的智慧生态空间里,云、网、端一体化的数字化和智能化基础设施，可以使得学习无处不在；数据与信息资源已成为现代组织最核心的资产，通过数据分析，可以精准了解每个学习者的知识、能力、情感结构，以及学科素养和体质健康情况，精确了解个性化的学习需求；实时协同的通信网络，可以使学习者得到更好的支持与反馈……这个开放的教育生态系统将实现内容供给的重构、智慧学习环境的重构、教与学方式的重构，它将通过网络连接全球性社会，连接学生的日常生活经验与未来生活。在这样的"虚实结合的智慧学习空间"里，教师该如何为学生提供精准的教学、精准的学习活动设计和嵌入式的评价？学校如何建设网络学习空间，构筑线上线下（OTO）融合的校园育人环境？余胜泉指出，互联网不可能替代学校，但可以改变学校的基因，改变学校运作的流程。

因此，未来的学校应该是基于互联网思维的，以学校核心价值观的建构、反思和实现为主要管理活动的学校，未来的学校联盟应该是基于互联网思维的学校形成的价值驱动型学校群落。学校群落是指具有直接或间接关系的多个学校的有规律的组合和集群。价值驱动型学校群落是优质文化学校集群。这样的学校群落更能积极发挥辐射带动功能，共享教育变革的意义。

（一）打破封闭的办学体系

传统学校是一个相对封闭的圈子，学校的课程、师资以及各种设施设备都是私有的，不与外部社会广泛共享，尽管每位学生都希望享受到最优质的教育资源，但由于优质资源的稀缺性，注定只能被少数人所垄断。现在，这个局面正在发生改变。在慕课、微课程的冲击下，课程资源开始共享，偏远山区的学生也能在网上找到名校名师的优质课程。尽管现在的优质课程资源还不够充足，但未来我们将可以在网上找到任何一门教材、任何一节课的优质课程资源。在同步课堂和在线教育的冲击下，优秀师资开始共享。人大附中的同步课堂已经开到了新疆、宁夏、贵州等西部地区的薄弱学校，而在线教育则让学生用极其低廉的价格在网上看到优秀教师的授课。未来，独立教师群体将会崛起，一大批"身怀绝技"、具有冒险精神、善于运用互联网手段进行教学的优秀教师会从公办学校走出来，以个性化的教学方式来扩大教育供给，推动在线教育乃至整个教育行业的转型升级。同时，未来学校将会更加开放，通过线上线下结合的方式，采用OTO模式来办学，让学生走出课堂、走进社会，享受社会上优秀的教育资源。比如，北京市教委面向初中生提供"开放性科学实践课",采用政府购买服务的方式来充分利用社会上的优质科技教育资源,学生在线上自主选课,之后到大学、科研院所、博物馆或者高新技术企业去上课,他们不仅可以享受到最先进的设施设备,也能得到来自不同领域的专家的手把手指导,实现了对传统科技教育的超越。①

凯文·凯利指出,"把最不可能共享的资源实现共享,这就是未来最大的机会"。尽管现在的教育资源共享看起来还很初级,但已经迈出了关键的第一步,互联网正在重构学校的教育功能。未来,互联网将彻底打破学校封闭的办学体系,学校将变成汇聚优质教育资源的"淘宝平台"。作为一个开放的组织系统,未来的学校应该利用信息技术挖掘外部社会一切有利的教育资源,学生的学习场所不再固定,随着课程的不同,既可以在教室,也可以在社区、科技馆和企业,甚至可以去不同城市游学。而学校本部则更多是提供学习环境、成长导师以及富有特色的校本课程。最终,学校将突破校园的界限,任何可以实现高质量学习的地方都是学校。

(二)打破传统的教学结构

传统的教学结构建立在班级授课制的基础之上。作为工业时代的产物,班级授课制强调标准、同步、统一,尽管难以照顾个性差异,但却为机器大生产培养了大量的符合特定标准的产业工人,为人类社会从农业时代进入工业时代提供了重要的人力资源。但是,当人类社会全面迈入信息时代,传统的人才培养目标已经不再适用。2009 年,美国 21 世纪技能合作委员会正式提出了"21 世纪学习框架"②,最重要的是要培养学生的 21 世纪技能,包括"学习和创新技能""信息、媒介和技术技能"和"生活和职业技能"。2016 年 9 月,《中国学生发展核心素养》总体框架发布,明确了学生应具备的、能够适应终身发展和社会发展需要的必备品格和关键能力,分为文化基础、自主发展、社会参与三个维度,包括人文底蕴、科学精神、学会学习、健康生活、责任担当、实践创新等六大素养。总体来看,重新思考人才培养目标,建立面向未来的核心素养,已经成为国际共识,这从根本上动摇了传统教学

①曹培杰. 未来学校的变革路径——"互联网 + 教育"的定位与持续发展[J]. 教育研究,2016(10).

②张义兵. 美国的"21 世纪技能"内涵解读[J]. 比较教育研究,2012,(5):86 - 90.

结构的内在基础。现在，已经有学校在这方面开展了富有想象力的实践探索。比如：北京十一学校开展选课走班制，为全校 4000 多名学生创立了 265 门学科课程、30 门综合实践课程、75 个职业考察课程、272 个社团、60 个学生管理岗位，供学生选择。在这些课程中，除了少数的必修课外，其余大部分是选修课程，所有课程排入每周 35 课时的正式课表，学生不仅可以选择课程，还可以选择上课时段，真正做到自主选择，一人一张课程表。① 重庆市谢家湾小学通过课程整合，将学校原来的十二门课程整合为五门课程，施行跨学科教学，取消了统一的上下课铃声，取消了全校统一的大课间活动，让每个班级从听令行事变为自主安排。教学也从"老师讲学生听"变成了"半天学半天玩"，每天上午学习学科课程，下午全部是专题实践活动，包括体育活动、社团选修活动等，学习与活动相互融合。②

　　这些来自一线的创新实践正在给传统教学结构带来冲击，未来的教学将会打破固定的课时安排，跨越学科与学科之间的界限，围绕学生的真实生活重建课程体系，形成个性化的学习支持体系，为每一个学生提供私人订制的教育，这将成为未来学校变革的主导趋势。随着传统教学结构的瓦解，"互联网＋教育"将从注重教的信息化转向注重学的信息化③。技术支持下的教学将不再基于教师的主观经验，而是基于丰富的客观数据。目前，已经有学校开始尝试使用学习分析技术改进教学，针对学生发言、老师发言、师生对话等信息，分析课堂讨论模式和师生互动风格，以可视化图表形式呈现分析结果，帮助老师进行教学反思和改善课堂教学实践。未来，基于大数据的学习分析技术将成为推动教育深层变革的主动力。④ 教师可以利用新的技术手段测量学生的认知特点和学习特征，评估学生的优势潜能和最佳学习方式，设计个性化的学习推送方案，探索不同技术条件下的差异化教学策略，因材施教、因能施教，促进信息技术与教育教学的深度融合，帮助学生实现全面而有个性的发展。

---

①人民网（2014）．北京十一学校：一人一张课程表［EB/OL］．http://edu.people.com.cn/n/2014/0227/c367001-24484319.html．检索于 2016-04-16．

②黄瑞，孙曙．办好学校追求的三种境界——重庆市九龙坡区谢家湾小学小梅花课程整合改革启思［J］．今日教育，2016，(3)：26-31．

③曹培杰．中小学生信息化教学的学习体验调查［J］．中国电化教育，2014，(9)：24-28．

④尚俊杰，庄绍勇，陈高伟．学习科学：推动教育的深层变革［J］．电化教育研究，2015，(1)：6-13．

(三)打破固化的学校组织形态

学校是一个有计划、有组织地进行系统教育的组织机构,其形态在历史上经历过多次变迁。从夏商时期的庠序到春秋时期的私塾,早期的学校更多是一种家庭教育形态。直到 19 世纪中后期,美国开始工业化和城市化进程,现代社会的生产和生活方式彻底解构了传统的家庭组织结构,家庭的生产和教育功能被强制性地外移和社会化。1851 年,第一部强制就学法在马萨诸塞州通过实施,孩子们开始走出家庭,走进学校。至此,自发性的传统家庭教育逐渐荒废终结,公立学校以其突出的现代社会人力产业职能、特有的现代集约化、标准化组织优势和专业高效的管理运行模式登上并占据整个教育历史舞台。① 今天,传统学校的组织形态优势正在退化,而劣势则在新的时代背景下更加凸显,尤其是标准统一、组织固化、运行机械以及在创新能力培养上的缺陷更是让学校教育饱受质疑。近年来,社会上出现了一些全新的学校组织形态。比如,由 Facebook 创始人扎克伯格等人投资的Altschool,依赖信息技术,建立有效信息系统,快速响应教师的教学需求,通过反复跟踪、修正,获得最高效的学校运行方式。无论学生处于何种状态,都会定制一个最适合他的课程计划,让孩子能按照自己的进度进行学习。所以,年龄本身不是关键,Altschool 采用混龄教学,模拟真实的社会生态,帮助孩子能够更好地融入社会。同时,建立学校理事会,采用扁平化的组织设计,充分考虑社会和家庭的合理诉求,教师与学生、家长合作"策划"课程,并且"和学生一同学习",尽量满足每一位学生的个性化需求。

未来的学校将打破固化的组织形态,采用弹性学制和扁平化的组织架构,根据学生的能力而非年龄来组织学习;根据学生的个体需求提供灵活的教学安排,而不是按照传统的学期或者固定的课程结构;打破现有的学制,加强不同学段之间衔接,更好地满足当代学生自主发展需求,为学生提供富有选择、更有个性、更加精准的教育。学校的组织架构和管理方式也会随之变化,学生将会更多地参与到学校的组织管理,各项学校事务都应充分尊重学生,鼓励学生自主管理,培养学生成为有主体意识、道德情操、国家意识和世界精神的健全公民。完善学校治理结构,增加家长和社区成员在学校决

①傅松涛,毕雪梅,张东会.教育组织形态的历史回归与超越——当代美国家庭学校的组织形态分析[J].比较教育研究,2007,(10):20－25.

策中的参与度，促使学校从封闭走向开放，学校与社会、家庭形成良性互动，共同为学生创设多元融合的育人空间。

互联网时代给教育带来了机遇，更给学校组织变革带来了挑战，其中探索新型教育服务供给方式是学校面临的最大挑战。如何用互联网思维的方式促进教师专业发展和学生核心素养的形成，需要更多的学校的合作研究。因此基于互联网思维的学校形成的价值驱动型学校群落研究和探索的空间还很大，还需要在组织模式、服务模式、教学模式等方面不断创新。

小　结

作为一个自主、合作的联盟组织，它面对的是系统内外的瞬息万变，任何预先的设计都可能会遭遇到复杂的、真实世界的挑战。也许，生活本身是不能设计的，我们能够做的只是去热情地激发、积极地参与、悉心地培养，让自己的内心时时涌动出一股股应对挑战、尊重平等和爱的力量。在这种力量的温润下，一个能够自我生成、富有生命力的学校联盟就将浑然天成。

第三章　生态环境下的教师专业发展

　　某校针对该校语文学科成绩不突出、学生对教师认可度不高、教师课堂教学成就感差等问题,将目光聚焦于课堂教学。具体做法是,首先由教师列出平时上课中遇到的困惑或问题清单;教师和学科专家一起研读本校教师的教学录像,对教师的教学行为和学生的课堂表现做统计分析,归纳语文课堂中普遍存在的问题,如"学生对课文不感兴趣""预习效果不理想""学生发言声音小""学生的思考不深入""教师课堂评价不及时"等问题;结合理论学习,反思问题存在的原因;设计改进教师课堂教学的策略。经过三年的努力,几位青年教师成长迅速,一位成为学校副校长,一位成为省教学能手。最值得欣慰的是,其中一位青年教师说:"以前我都是为完成任务去上课,而这三年下来,我觉得自己越来越喜欢上课了。"随着教学水平的提高,教师在课堂上也获得了成就感和学生的认同。同时,学校的语文成绩也得到了明显提升。

　　在现实中我们经常遇到这样的情况:教师和学校对教师专业发展的需求本应指向同一个目标,但两者却时常会发生冲突。具体表现在:一方面,教师个人设计的研修计划,如学历提升、外出参观专业研讨、参加社会活动等,常常得不到校方肯定甚至会受到直接阻碍;另一方面,学校为教师安排的一些专业培训,也得不到教师的真心认可。这是因为,学校对教师专业发展的期待,与教师自己的期待并不会完全重合。具体来说,学校主要是为提高教学质量,教师更多是为个人的未来发展;教师专业发展势头越猛,对学校来说越可能是疏离的或是异己的,而越是那些在专业发展上需求迫切的教师,也越可能感受到环境的压抑。如何协调学校和教师在专业发展上的矛盾呢? 这就需要构建一个适合教师发展的生态环境。

　　目前关于教师专业发展的研究主要集中在三个方面:教师专业发展的内涵研究、教师专业发展的阶段研究、师成长促进方式的研究。我们强调对教师专业发展的关注，应该以对教师专业地位的肯定为基础。但在现实的教育活动和教师专业发展中，教师的专业地位却常被忽视，专业发展成为在不信任中的"被发展"，教师主体丧失。教师专业发展是一个系统工程，至少对于教师而言，它涉及自我基本素质、学科知识、教育理解、创新意识、群体氛围、关键事件等，而其核心在于实践、学习与交流这三种行为。如果教师的教育教学实践因循守旧、不思创新，没有学习的意识，习惯性封闭和消极交流，那么专业成长就不会发生。至于教师的教育教学实践，我们将在第四章中对教师的学校联盟教研进行论述。

一、教师专业发展的内涵

　　教师的专业发展是指教师在其职业生涯中，基于个体体验，依据职业发展规律不断提升、改进自己，以顺应职业发展需要的过程。教师专业发展不是把更深、更广的专业知识传授给教师，而是督促教师考虑如何在课堂上改善教学行为，进而为学生提供更优质的教学服务。教师专业发展是每位教师自身成长的必需，是教师职业自身的要求，是学校发展的必需；是个人行为，也是学校行为。

　　20世纪80年代以后，教师专业发展成为教育学术界一个比较重要的课题，而对于什么是教师专业发展，一直都是宽泛、模糊的理解。基于不同的目的和对教师专业的不同认识，教师专业发展也产生了许多不同的观点和取向，简言之，可分为三类：一是教师专业发展的理智取向，认为教师的专业发展，就是教师接受充足的学科知识与教育知识；二是教师专业发展的实践—反思取向，认为教师专业发展所需的知识，不是通过外在的灌输获得，而是通过教师对自我实践的反思与理解来获得；三是教师专业发展的生态取向，认为教师专业发展，不仅要通过教师个人的学习与实践反思，更为重要的，是在教师群体中形成合作的专业发展文化与模式①。目前，教师专业发展已从理智取向走向实践—反思取向和生态取向，本章探索的就是这种生态取向下的教师专业成长的机理和策略。

　　教师专业发展的标志体现在：专业信念——专业生活的动力和方向，教

①周跃良，曾苗苗. 生态取向下促进教师专业发展的新途径——构建教师虚拟实践共同体［J］. 教育信息化，2006（17）.

学主张——专业生活的价值追求,教学风格——专业生活的个性魅力,研究课题——专业生活的自我提升,写作兴趣——专业生活的心灵牧歌,教学业绩——专业生活的底气等。而关于教师专业发展的内涵,有多种不同的阐释,例如以下两种:

(一)教师专业发展"四要素"说

教师专业发展"四要素"说,是指教师的专业知识、专业技能、专业道德和专业情感四个方面的综合发展。其中,教师专业知识是指教师必备的科学文化知识,其结构总体上包括基本人文科学、自然科学知识、学科专门性知识和教育学科类知识。教师专业技能是指教师在教学过程中运用一定的专业知识和经验完成教学、科研任务的综合能力。教师专业道德是指教师在其职业生活中表现出来的专业价值观、专业行为准则、行为方式的总和。教师专业情感是教师素质中的动态要素,是教师对自身职业劳动的真情实感,其更多地体现为教师对自己所从事工作的认识和热爱。

下面是与"四要素"对应的教师专业发展的基本内容:

要素	指标	基本内容
专业知识	学科专业知识	1. 学科专业知识精深,把握学科本质和学科思想与方法;
	学科教研知识	2. 能指导教师落实课标,能够示范教学的新理念和新设想;
		3. 根据内容和学生实际,指导教师创设情境、选择教学策略;
	教师教育知识	4. 明确教师需求和组织需求,构建学校联盟特色学科和教师教育课程;
		5. 能够规划组织学校联盟研修,并有针对性指导和引领;
	课程知识	6. 理解学科课程的育人价值,能够把握教材编写意图,组织教学。

专业技能	课程建设与资源开发	7. 能参与制定联盟学校课程方案,指导课程开发与实施;
		8. 能根据学科课堂教学需求,带团队建设联盟学校课程教学资源;
	教学研究与指导改进能力	9. 能以多种形式调研教学现状,科学诊断课堂教学并精确指导;
		10. 能聚焦学科教学关键问题,带领团队研讨并在实践中改进;
	质量评价与分析反馈能力	11. 制定学科学业评价的方案,研制学科评价工具并实施评价;
		12. 基于大数据的分析和反馈,给联盟学校和教师提出改进的建议;
	教育教学科研能力	13. 能洞察学科教学存在的问题,形成课题,用研究的方式解决问题;
		14. 能组织教学改革实验研究,善于发现并总结推广优秀的成果。
专业道德	学习规划意识	15. 树立正确的人生观和价值观,教育教学理念先进;
		16. 理解岗位内涵职责,以提升学校联盟教育教学质量为己任;
		17. 合理规划职业发展,不断学习,顺应教育教学需要。
专业情怀	尊重和热爱	18. 热爱学生和学科,不断提升教育境界;
		19. 遵循规律,尊重差异;
		20. 牢固树立服务意识,为学校、教师和学生的发展服务。

教师专业发展的四个要素是教师整体认知结构中知识、技能、道德、情感认知部分的外在表现。根据心理学的认知联结理论,外部环境的刺激经过思维和认知的加工使主体产生相应的反应,这种反应即是主体的行为和实践活动。因此,教师工作的环境对其不断地形成外部刺激,经过其思维和认知结构的加工得以外化,成为其行为活动中所表现出的专业化水平;同

时,这种行为活动的结果又反馈到其主观意识中,产生新的思维、形成新的认知,这个过程就是教师专业知识、专业技能、专业道德和专业情感动态变化的过程。① 如下图所示:

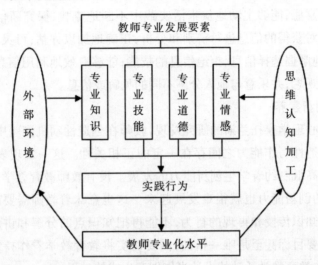

学校联盟促进教师专业发展的积极意义在于:一是教师整体成长,学校联盟能够促进教师团队的整体成长;二是教师持续成长,成长始终是一个过程,学校联盟能够让教师始终处于学习的状态;三是为满足需要而成长,学校联盟能够满足教师的基本成长需要与情感需要。

(二)教师专业发展"七素养"说

教师专业发展是一个系统工程,至少对于教师而言,它涉及教师自我基本素养,例如学科知识、教育理解、创新意识、群体氛围、关键事件等。

1. 信息素养

我们今天生活在一个信息化社会,信息像空气一样,无处不在。有研究表明,现在每18个月产生的信息,相当于人类社会有文明记载以来所有信息的总和。信息每天都汗牛充栋般产生,假如哪一个教师还死守着"闻道在先后""术业有专攻"的信条,就无法适应学生的要求,也无法提高教育教学水平和质量。生活在信息化社会的学生,每天都接受着大量的信息,他们的信息素养甚至比教师都高。融入信息社会,提高信息素养,已成为教师能够胜

---

①马焕灵. 校长领导力促进教师专业发展的机理与策略 [J]. 中国教育学刊,2011(3):42.

任教学工作的基本前提。

"信息素养"一词，是美国图书馆学会于 1989 年提出的，如今已被普遍接受。从教师专业发展的角度来看，信息素养至少表现为以下内容：有获取新信息的意愿，能够主动地从生活实践中不断地查找、探究新信息；能够较为自如地对获得的信息进行辨别和分析，正确地加以评估；可灵活地支配信息，较好地掌握选择信息、拒绝信息的技能；能够有效地利用信息、表达个人的思想和观念，并乐意与他人分享不同的见解或信息。

2. 创新素养

美国心理学家托兰斯的研究发现，教师在创造性动机测验中的成绩，与学生的创造性写作能力之间存在一定的正相关性。这一发现表明，教师创新能力的高低制约着学生创新能力的发展。没有教师教育教学上的持续创新，学生的创新能力也就很难发展起来。这也意味着教师需要改变原有的注重单一知识传授和再现的行为，不能再把知识点的分解和讲解作为自己教学的主要目标甚至是唯一指向，需要切实将教育教学看作持续创新的过程，将每次教育教学活动的设计当作创意生成的过程。

教师的这种创新素养主要表现为：对教育教学具有挑战心、好奇心、想象力；鼓励学生创新，把学生当作创新主体，发挥学生在学习中创新的主体性；宽容学生的失败，鼓励学生适当冒险，营造教学中激励创新的氛围；把教育教学看作学生主动学习、探究反思、变化更新的创新过程；在教学中为学生提供创新的时间和空间，形成激活学生创新欲望、培育学生创新潜能的作用力；教师自己在教学中持续不断创新，把每次教学都当作创意设计和实施的过程等。

3. 跨学科素养

从学生全面发展的要求来看，教师既需要为学生提供单学科知识，也需要引导学生掌握各学科间的联系，在学科与学科的有机关联中形成对问题的真正掌握。自然科学以及社会科学的发展也越来越多地指向学科的交叉与融合。另外，从社会实践和生活实际中也可看出，所有问题的解决都不是靠单一学科，而是基于不同学科的有机结合，综合性地分析和探讨，才有可能找到解决问题的答案。所有这一切，都要求教师进一步扩大和提升跨学科素养，不仅要系统掌握本学科本专业知识，而且要有意识地提高自身跨语文、跨数学等方面的素养，要对生活的各个层面（时事政治、经济发展、科技动态、乡土人情……）所涉及的各种知识有所把握，要细心研究如何从学科相联系、相交叉、相渗透之处提出探究问题。

4. 媒体素养

自媒体正在使教师私密空间与公共空间的界限变模糊,使教师个体行为与公共行为的距离变短。教师增强自身的媒体素养已变得迫在眉睫。在这里,教师媒体素养指的是教师认识、评判、运用媒体的态度与能力,既指教师面对传媒各种信息时的选择能力、理解能力、质疑能力、评估能力,也指教师在认识媒体的基础上对媒体的巧妙运用,大体可分为基础、核心及关键三个层面。其中,各种领域的知识积累和教育教学的阅历是基础要素;把握各种媒体的特性,正确解读各种信息并恰当运用,培养对媒体信息的批判意识和批判能力,提高对不良信息的辨认能力和免疫能力,同时学会有效地利用媒体信息为教育教学服务,这些是核心要素;有追求当代教育新鲜信息的强烈愿望是关键要素。

5. 社会参与和贡献素养

以往教师多将自己限定在学校围墙之内,不太关注政府事务,甚至对社会上的种种弊端熟视无睹,认为那是官员和政府的事情。随着国家治理体系和治理能力现代化的不断推进,越来越要求教师参与到政府事务中去,参与到社会事务中去,在社会参与中体现自己的价值,甚至由于教师的特殊身份和知识占有的便利条件,成为公众参与社会事务的引领者。同时也要求教师主动承担社会责任,参与学校周边环境建设,通过发挥自身的教学资源优势,服务社区居民,提升学校的社会影响力和知名度,为社会做贡献。

7. 自我管理素养

如今,教师面临的压力日益增大,各种各样的困惑也越来越多,而外在的激励手段相对匮乏,专业水平越高,能够给予自己指导的专家越少。此时,教师的自我管理素质和能力就显得愈发重要,能不能很好地管理好自己,约束好自己,激励好自己,直接影响其专业发展水平。自我管理注重的是教师的自我教导及约束的力量,亦即行为的制约是通过内控的力量(自己),而非传统的外控力量(校长、专家),简单来说就是知道自己应该做什么,并且能够有效采取行动。

教师的自我管理素养涉及很多内容,如目标管理,明确自己的努力方向,并不断积极向这个方向迈进;时间管理,能够区分任务的轻重缓急,对时间做出统筹安排,对工作不会有拖延症;沟通管理,善于针对不同沟通对象采取不同的沟通行为,对影响沟通的事情抓苗头、抓早、抓小;情绪管理,能够控制自己的情绪，不在情绪激动或失控情况下采取不当行为，冷静地对事物做出判断；健康管理，认识自己的身心状况，经常锻炼保持健康体魄，经常进行心理自我调适，保持积极乐观情绪等。

学校联盟应该以这七种素养的培养为旨归，通过联盟教研不断深化教师自我认知、自我管理、自我提升的能力。

二、教师专业发展的生态分析

汉语词典对"生态"一词的解释是，通常指生物的生活状态，指生物在一定的自然环境下生存和发展的状态。简单地说，生态是指一切生物的生存状态，以及它们之间和它与环境之间环环相扣的关系。因此，生态取向强调环境中的各种关系以及环境本身和事物之间的相互影响。在教师专业成长中，生态取向更强调"文化""社群""合作"和"背景"，更关注教师专业发展的方式和途径。

（一）生态取向下教师专业发展的价值观

对教师专业发展而言，教师发展其专业知识和能力并不完全依靠自己，也会向他人（如校外专家和同事）学到很多；教师不能独立形成与改进其教学策略与教学风格，这种策略与风格的形成与改进很大程度上依赖于"教学文化"或"教师文化"。正是教师文化，为教师的工作提供了意义、支持和身份认同。因而，在教师专业发展过程中，教师文化的建设，尤其是建设某种合作的、和谐的、内部交流顺畅的教师文化，成为具有重要影响的部分，这正是生态取向下教师专业发展理论的价值所在。

（二）生态取向下教师专业发展的基本内容

教师专业发展的生态取向是在具体的情境之中，经过个体之间的协作，营造某种教师文化，从而促成整个教师团体的发展与进步。生态取向下的教师专业发展超越了理智取向、实践—反思取向中主要关注教师本身的局限，从更为宏观的角度，关注教师专业背景及专业发展的环境脉络，关注专业发展的方式和途径，以及关注教师专业发展的具体内容，例如教师师德水平的提升、教育观念的更新、教学能力的增强、教学行为的改进、教学经验的积累、教育智慧的生成、自主意识的觉醒、教育幸福的体验、生命价值的实现等。

(三)生态取向下教师专业发展的现实意义

教师专业发展的生态性首先体现在资源、环境的共享,学校联盟的资源共享功能实现了教学硬件、软件、课程、师资等教育资源的共享;其次,生态性体现在外部环境对个体、学校联盟内部发展需求的满足;最后,生态性体现为系统内各要素的生长与相互适应。学校联盟的发展不是资源的简单整合、优化,而是学校联盟内各种元素组合方式的改革,比如,在联盟学校特色课程资源共享的基础上,学校联通过横向贯通的方式,跨校开发新课程。

实践证明,教师的专业发展总是在一定的生态环境中实现的,离开了教师的工作和生活环境,就难以推进教师的专业发展。进一步说,教师专业发展的过程和成功在很大程度上取决于它发生的文化背景,而这个背景的核心内容就是教师职业生存的文化生态。依据文化生态学观点,教师个体发展与文化进程是相互交融的。文化生态取向下的教师发展是一个在文化生态环境中实现的动态发展与转变的过程。教师专业发展的生态取向鼓励教师共同学习、分享、整理和创造从课堂和教学中所获得的知识,借以培养持续学习和改善学校文化、学校联盟文化。它不仅注重个体教师的知识、态度和实践的提升与改进,还考虑教师工作环境中的学校组织以及学校联盟组织的文化和结构。

三、教师专业发展的阶段设计

教师专业发展的阶段设计既包括客观情况下教师专业发展的阶段,也包括教师个人自主规划的发展阶段。不管是哪种规划设计,都要遵循教师发展的一般规律,都要符合教师个人的主客观条件。

(一)教师专业发展的阶段划分

教师专业发展是一个由量变到质变的、持续深化的过程,呈阶段性上升趋势。向下一阶段发展的过程,就是一个由"现有发展水平"到"目标发展水平"的过程,不同的发展阶段有不同的最近发展区。教师只有不断地超越一个又一个最近发展区,才能取得阶段性的成长。

我们将教师专业发展划分为三个阶段:第一次成长期、高原期、第二次成长期。

1. 教师进入第一次成长期的标志：

（1）熟悉教材。这是教师第一次专业成长最基础的内容。

（2）对教学的基本步骤与方法的掌握。这是教师第一次专业成长最重要的内容。

（3）对学生的关注。这个阶段的老师开始形成所谓学生观。

（4）有与同伴合作的强烈愿望。其标志是希望得到校长和同伴的认可。

（5）开始追求学生的考试成绩。有的甚至把学生的考试成绩当作最大的成功指标。

2. 教师进入高原期的标志：

（1）很难感觉到像前一个时期那样快速成长，相反，他发现自己很多事情都是在重复。

（2）能保持中等状态的教学效果，但即使更努力，也没有明显的提高。

（3）工作内容和范围长期没有变化，自己也不知道还有什么事情可做。偶尔有一些新的尝试，也看不见什么效果。

（4）教师发现，自己从同伴那里不能再学到更多的东西，觉得同伴懂的自己也基本上都懂。

（5）工作热情明显下降，但能维持着基本的工作状态；一部分教师感到工作疲惫。

（6）开始关心教学理论，但没有哪一种理论能完全说服自己，觉得这些理论都与自己切身的感受不一致。

3. 教师进入第二次发展期的标志：

（1）原先不太关注或不感兴趣的事物，突然或者慢慢开始成为重要的生活内容和工作内容。

（2）生活圈和工作圈开始突破原来的格局，向外扩展。

（3）关于教育教学和人生事业方面的理解开始与同伴区别开来，甚至有明显的不同。

（4）不仅对教学问题感兴趣，而且对教材、课程资源、教学评价、师资队伍建设和一定区域内的教学管理问题开始感兴趣。

（5）开始对某一种理论有热情，甚至成为某种理论的追随者。

（6）非常注意对自己的教育教学过程中产生的一些资料的收集，并且非常珍惜自己的这些资料。

（7）对朋友或者工作伙伴开始有挑选，而且这种挑选不完全是因为与自己的亲疏关系。

（8）在工作甚至生活中的一些方面追求与人不同的看法和做法，表现出对一些固定的看法和做法的不满意。

（9）开始在内心怀疑自己过去的一些信念，开始能接受他人对自己的批评甚至否定。

（10）更关注自己的内心，有时会像观察别人一样观察自己。

（11）对自己常常有陌生感，感到自己变化很大。

（12）既不像过去那样自卑，也不像过去那样自傲，能客观看待自己。

（二）指导教师做好专业发展规划

美国职业心理学家 Schein 认为，个体经过长期的职业实践后，对自己的需要、动机、能力、价值观等方面有了真正的认识，从而形成个体终身所认定的、在再次择业中最不肯舍弃的东西即职业生涯系留点。很多处于高原期的教师就是因为没有找准自己的系留点。基于这一认识，我们指导教师每三年进行一次专业发展规划，明确具体的专业发展目标，选择有智慧的专业生活方式，充实有内涵的专业生活内容，将教师对自我价值的追求融入明确的专业发展目标中，促进专业的可持续发展。

借助"SWOT"分析法，教师从"优势、劣势、机会、威胁"四个方面分析"现实的我"；从对未来三年的专业发展目标、行动计划、外部支持等方面规划"理想的我"；在现实与理想之间找到真实的"我"，在规划与奋斗之间实现"最好的我"，找到职业发展的系留点。

例如凤城小学于竹平老师对"现实的我"的分析：

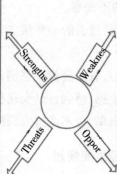

优势
1.热爱教师这个职业。喜爱学生,对教育有一份执着的追求和责任感;
2.积极乐观,善于发现生活与工作中的各种美好;
3.为人真诚,在团队中有一定的亲和力,组织能力较强;
4.喜欢阅读,对教育科研理论善于研究探索;
5.喜欢探索新事,对新教育理念接受较快。

劣势
1.竞争意识薄弱,上进心不强,没有规划好长远目标;
2.工作中条理性不够,有时拖拉,不够雷厉风行;
3.做事不细致,考虑问题不够全面。

挑战
1.学校及社会对教师要求越来越高,努力提高自身能力迫在眉睫;
2.成为有风格的优秀教师,赢得学生和家长更多的信任与信赖。

机会
1.学校教科研气氛浓厚,校本研修、联盟教研机会多;
2.学校骨干教师多,身边处处是榜样;
3.各种渠道信息丰富,多种平台促成长;
4.家长对学生学习非常重视,对课堂改革支持力度大。

凤城小学刘云霞老师的三年发展规划:

(一)基本情况

	出生年月	第一学历	最高学历	所学专业
个	1979.02	中师	本科	中文
人	任教学科	任班主任年限	任学科组长年限	
简	数学	9 年	15 年	
介	1997 年参加工作,20 年来一直任教小学数学,凤城街道中心小学副教导主任,教育理念是教育,让人成为自己。			
发展基础	长期以来,带着对生命的敬畏感,将立足于数学学科教学,培养学生的数学思维能力,促进学生的终身发展作为学科教学追求目标,形成了个人教学主张:"思维搭桥,寻联求通,形变质通"。多年来依托对小学数学思维对话型课堂的实践与研究,获得县市省三级教学能手,烟台市教科研先进个人,山东省教科院优秀访问学者等荣誉称号,主编烟台市"和谐高效思维对话"型课堂建设《综合经验卷》,参与或主持烟台市级课题 3 个,参加烟台市课堂教学相关培训及经验交流十余次。			

发展方向	学科教学的教育科研研究。即以教科研为工具,研究学科教学领域基本理论与实践操作性规律。

(二)三年发展目标

内容	2015—2016 发展目标	2016—2017 发展目标	2017—2018 发展目标
职业情怀	敬畏生命,守望成长,思维搭桥,助力成长。		
教育思想	教育是为了让人成为他自己。		
课堂教学	探索总结教学评一致性理念下的课堂教学基本策略	1. 探索总结小学数学学情,把握基本策略;2. 探索总结问题导学型学本课堂组织策略。	探索总结基于学情把握的小学数学联动课堂实践策略
课程资源开发与利用	基于课程标准的数学集体备课初步探索整理	1. 问题导学型导学作业设置探索;2. 基于课程标准的集体备课与个性化备课成果梳理	数学学科传统文化与综合实践课程资源开发与利用
班级管理与活动开展	关注级部习惯培养	强化学生习惯养成成果,关注学生德育发展水平	掌握班级管理的相关组织策略,引领级部班级和谐发展
课题研究	烟台市教育科学"十二五"规划《小学数学思维对话策略的深化研究》顺利结题,形成有效策略体系	海阳市小课题《问题导学型学本课程教学组织策略的研究》能够形成策略体系	海阳市教育科研项目《教学评一致性教学策略的研究》与山东省教育科学2015年度课题《小学数学课中学情把握的研究》能够顺利结题,并形成有效策略体系,并内化指导教学实践

研修培训	1. 积极参加或组织学校培训活动 2. 积极参加省市级相关培训活动 3. 借助网络平台,学习教育教学,教育科研,教育管理等方面的视频文字材料,以研训为一体,随研究领域的更新拓展研修范围与重点。
读书写作	1. 读与每阶段相关的课题研究方面的书籍,留写读书笔记与心得,每阶段至少五千字;读人性及心理相关书籍,提高对人生的理解能力,提升人文素养 2. 随时记录研究与实践相应的体会思考,发表博文,投稿学校网站; 3. 每个阶段力争在省市级刊物上最少发表一篇文章。

凤城小学李宁老师的 2015—2016 学年度发展规划:

发展方向	学本课堂研究团队骨干成员
发展目标	1. 提升个人修养,做有品位的教师。培养自身高尚的道德情操及职业道德修养,用自己的人格魅力、深厚的人文素养及对学生责任感影响教育学生; 2. 深入学习新课标,认真钻研教材,更新教育理念,学习先进教学方法,尽快形成自己独特的教学风格; 3. 积极参加继续教育培训,注重学科专业知识的学习,树立终身学习的思想;通过专题讲座、教研活动、个人自学的形式,不断提升教学素养; 4. 作一名"善于反思,勤于积累"的老师。对自己的教学活动及时反思,不断总结提升教育教学经验,及时发表教学成果。
基本情况	1. 具有强烈的事业心和责任心,能与时俱进,能遵守学校各项规章制度,积极参加校内外组织的各项教育教学活动,教育教学工作有条理、有计划; 2. 虽掌握了一些先进的课改理念和方法,但却不能做到每节课都游刃有余、得心应手,课堂教学还没有形成自己独特的教学风格; 3. 教育教学理论和高等数学知识急需充电,信息技术方面有待于进一步学习和提高,做事不够细致有待于改进,对学生的亲和力有待于加强。

具体 措施	1. 认真学习各种相关法律法规,遵守学校的各项规章制度,做到依法执教,爱岗敬业,为人师表,严谨治学。加强师德修养,形成高尚的人格。热爱教育事业,关心和爱护学生,尽心尽责,教书育人; 2. 大量阅读教育教学方面的理论书籍及相关资料,掌握先进的教育教学方法和手段,为教育实践奠定坚实的基础,为灵活驾驭课堂作铺垫;了解小学生的生理和心理特点,了解他们在这一阶段的需求,为达到良好的课堂教学效果作准备,尽最大力量做到因材施教,因人而教。及时总结发表教育教学经验及成果; 3. 不断学习新课标,把握小学阶段的教材内容,认真学习和研究课程、教材、教学大纲,明确本学段学习内容以及知识与技能、过程与方法、情感态度与价值观等方面的要求,并分解到每个单元、每个课时,落实到每一个学生身上; 4. 认真备课、上课、布置和批改作业、辅导学困生。备课既要备教材教法、教学目标、教学重难点,又要备学生学情。注重课堂教学的实效性,要有自己的教学模式。认真拟定辅导学困生计划,使学困学生都有不同程度提高。

说明:

1. 发展方向即为本学年教师自愿申报的学校联盟研究项目。
2. 用描述性语言或数据、成果等叙述本学年在研究项目上发展的目标。
3. 基本情况即教师进行本研究项目的基础、优势、发展愿景或是申报缘由等。
4. 具体措施即教师实现研究标采取的学习、研修、行动、方法、策略等。

教师有了客观、具体、清晰的发展规划,为顺利经历第一次成长期、高原期、第二次成长期提前做好心理、知识、能力等方面的准备,有利于教师的持续健康发展。

四、教师专业发展的策略

教师作为专业人员,在专业思想、专业知识、专业能力等方面不断发展和完善的过程,是内动力和外动力共同作用的结果,其中内动力来源于教师自身的理想、信念、意志、目标、价值等内在精神要素,它发端于教师个体内心信念的觉醒,外显于终身学习的坚持,它植根于课堂教学的研究土壤,却又泛化于学校发展成长场域的建构；而外动力则来源于社会文化、教育制度、学校家庭等外在文化、制度和物质要素。与之相应，教师专业发展也可以分为内源发展和外源发展两种类型。其中内源发展是主导因素，外源发展是重要的辅助性因素，其价值在促进内源发展的过程中得到体现。二者不断进行实践博弈，只有当二者达致协调平衡时才能有效促进教师专业发展。

（一）内源发展

教师专业发展需要动力，既需要外部动力，也需要内部动力。外部动力在于激发和推动，而内部动力则在于生长和创造。李嘉诚先生用打破鸡蛋作比：用外部力量、外部方式来打破，鸡蛋成了一种食物；反之，用内部力量、内部方式来打破，鸡蛋则诞生了一条新的生命。李嘉诚说：人也亦然，从外部打破，永远成为别人口中的食物，从内部来打破，在人生旅途中就获得一次又一次的重生。法国思想家孟德斯鸠也说：任何他人的意见或建议都无法代替自己内心强烈的呼唤。无须多加论证，内部动力是教师发展的"第一动力"。外部动力真正起作用，也应体现在它击中、激发了内部动力。老师们也坦陈：我们发展的欲望不强，主要是内在动力不足。

所谓内源发展，指的是教师专业发展的动力主要来自教师自身，是一种内在性的、主动性的发展模式，基本特点是"以人为中心"。强调发展要立足于自身，即"我要发展"。这种发展模式要求教师在自我规划的基础上，以团队发展目标和个体差异目标调控和反思自己的专业发展，激发创造性张力。

1. 团队发展目标

学习型组织理论认为，组织的活力来源之一是实施愿景管理。学校联盟教研团队是由不同学校的教师组成的，因此需要营造一个资源共享、精神相遇、个性自由表达的空间，使教师为实现共同愿景而积极寻找解决问题的途径和策略。首先，学校联盟从职业情怀、教育思想、课堂教学、课程研究及开发等方面确定团队三个阶段的发展目标：第一阶段主要是形成专业研究能力，即团队成员都能成为阶段性或项目性的骨干；第二阶段主要是形成专业生活方式，即团队成员都能把专业发展作为自然的生活常态，都能成为专业知识、专业技能上的骨干；第三阶段主要是形成专业发展品质，即每位教师都能将专业发展作为自觉的生命状态，不断超越，生生不息。

2. 个体差异目标

适合自己的是最有效的。学校管理不是工业生产,靠机械加工出统一型号、统一标准的产品,学校管理应是农业生产,把教师培植成一粒粒具有生命力的种子,给他们适合自己的土壤、水分和温度,实现主动发展。将这种管理思想运用于联盟学校的目标管理,就是依据人的个性差异和成长规律,将团队发展目标和教师个人发展目标有机地结合起来,以差异管理促进教师差异发展,激发、聚生、释放、放大教师的教育能量和发展能量,集聚和生成团队的核心发展力。在制定出团队发展目标后,教师依据个人实际,将团队目标分解为基础性目标和发展性目标,从而明确自己实现团队目标的任务和责任。这样,每个教师都确立了适合自己发展的目标,人人在完成基础性指标的同时,竞相完成发展性目标。

(二)外源发展

教师发展的外源模式是指主要通过法律、政策等刚性的、自上而下的体系来推动教师的专业化。这种专业化发展模式有三个明显的特征:一是教育行政部门有一套专门的师资培训体系;二是教育行政部门有着专门的评价管理体制,评什么,怎么评,都有明确的标准;三是这种专业发展模式忽视鲜活的教育情境和教师的个人存在。在外源发展模式中,专家和教育行政部门控制着"权威型话语",扮演着"立法者和仲裁者"的角色,是对教师进行"规训"的过程;教师则扮演着沉默客体的角色,缺失了鲜活的课堂实践和教师的个体经验对教师知识建构所起到的作用。尽管外源发展有诸多缺陷,但我们还必须承认一个事实:教师的专业发展是一个高度个性化的过程,教师专业发展活动如果只顾及"个性"和"自愿",没有必要的刚性指引,其整体效果也不会理想。外源发展的积极作用体现在以下方面:

1. 注重环境影响

教师专业发展不只是教师个人努力的过程,更多的是教师群体合作学习、在竞争中共同进步的过程,教师专业发展需要拥有一个良好的竞争环境。教师在这一进程中,一方面,相互交流分享经验,碰撞出思维的火花;另一方面,也会面临各种激烈的竞争。而目前的聘任、晋升、激励等制度相对来说还没有那么完善,"公平、公正"原则在一些场合下仍然流于形式;不公平竞争现象时有发生,为此,应当为教师专业发展提供自由竞争的平台,开拓自主发展的空间,建立公平的竞争机制,确保在机会面前人人平等。公平竞争文化不可能凭空产生,它需要一定的环境和载体,因此,建立公平竞争的发展平台、营造良好的竞争氛围势在必行。

2. 注重同伴引领

学校联盟教研能够围绕教师共同确定的专题，采用优质资源共享原则，进行平等的研讨与交流，让联盟学校内拥有的各类优质教育资源"贴地飞行"。如，联盟学校内的"名师联动"。活动形式主要有：(1)名师晒单、订单分享——在联盟学校内公布各位名师的教育教学研究成果，即"晒单"，联盟学校研究团队、教师结合各自的需求"点单"，名师通过主题沙龙、示范引领、理性解读、释疑点拨等形式，展示和分享自己的成果；(2)名师送教——到联盟学校送教，带动和促进所在学校的教研教学；(3)名师带徒、分层递进——名师跨校带徒结队，或"徒弟"全方位跟随导师进行备课、上课、学术交流等，或共同参加课题研究，或进行同课异构并相互观摩和研讨，或由名师开列阅读书单并指导阅读，举办交流沙龙等；(4)名师领衔，缔结共同体——由名师领衔组项目学共同体，成员是各学校的学科骨干，致力教学项目研究；(5)名师空间，网络辐射——建立名师网络工作室，吸收联盟内教师参与在线研修；(6)名师微信，分享妙招——名师建立微信公众平台进行即时疑难交流，教育素材分享等；(7)名师资源，建库共享——建立名师优质教学资源库，使优秀的教学设计、课件、资源等得以在学校联盟内共享。

3. 注重评价激励

教师潜能重在评价激励。苏霍姆林斯基说过："教育领导的秘密之一，就在于激发起教师探索的兴趣和分析本身兴趣。""激励"是调动教师积极性的有效手段与途径，"激励"是教师成长的催化剂，通过评价来激发教师，实现学校发展与教师自身发展的统一。

目前我国中小学的教师评价制度主要是结果性评价制度和竞争性评价制度，而缺乏发展性和合作性教师评价制度，几乎没有制订专门针对教师团队发展的评价制度。事实上，构建发展性教师评价制度，消解教师团队内部的无序竞争，有利于提升教师团队成员的积极性和主动性，充分挖掘教师团队成员的内在潜力，实现教师团队的真诚合作。

评价激励关键是制定科学的评价标准。教师评价标准是对教师进行"全方位、立体性"的评价标准，范围最大，涉及教学内外的方方面面，教师的学科专业知识和专业技能，只是教师专业素养中的"冰山一角"；而教师的专业理念、职业道德才是教师专业素养中的"冰山海平面下的主体"。但是，就目前的奖惩性评价制度来讲，其评价的标准并不合理：知识评价主要针对教师的学科知识,教师的学科知识背景成为主要的参考指标,学科界限明显。在能力评价方面,主要强调教师的教学能力,忽视管理、科研等其他能力;由于当前的量化评价将目标限定在可测量的指标上,教师专业态度和情感、专业信念、专业发展意识、专业服务精神等的评价指标又难以清晰界定,因此对教师专业道德等的评价更是长期游离于评价体系之外。

新课程倡导多元化评价、综合性、发展性评价,其目的在于淡化原有的甄别和选拔功能,突出评价的激励促进功能,推动教师全面发展。学校联盟在对教师专业发展的评价内容上,注重教师综合素养的全面评价,其内容不再拘泥于单纯的学科素养,教师的专业能力、专业信念、敬业精神、道德素养等同样纳入评价的范围;在评价方法上,注重量化与质性评价相结合,力求评价全面科学。发展性评价的最终目的不是为了甄别教师,而在于关注教师每一步的成长和进步,通过评价为教师专业自主发展提供可行性的目标导向,激发教师专业自主发展的内在动力,真正引导教师走向专业发展。

4. 注重智慧的生成、凝练与表达

教师实践智慧的生成、凝练与表达是中小学教师专业发展的本质要求。这样的专业发展之路是有捷径可寻的:它以教师生命中的一个个"优秀实践"为基础,以寻找其背后隐藏的智慧点为线索,以实践与"属己性精品理论"的碰撞为"成长跳跃"的助力系统。伴随着个人智慧的觉醒,教师会逐渐形成具有个人实践智慧特点的"点阵结构";而教师在更广阔的时空中对个人实践智慧的凝练与表达,就会加速教师个人理论智慧的生成。

实践智慧的生成、凝练与表达,就是要教师从纷繁复杂的教育现象和教育行为中,澄清问题、理解意义、提炼价值、阐明思路,而澄清、理解、提炼、阐明的途径和形式,主要是通过文本写作进行的,包括方案设计、材料分析、结果表达等各种形式。这样,教师对研究结果的思考才会更为持久、系统、深入,因而智慧的生成、凝练和表达的成效才会更为明显。

五、教师专业发展的责任体系

教育主管部门、中小学校和教师个人,在推动教师专业发展上各有优势,但也存在相应的局限,因此应该整合上述三方主体的力量,形成一种既借助三方优势,又弥补其不足的教师专业发展新模式。

(一)落实主体责任

教师的专业发展从教师专业发展的政策制度建立到专业发展某个项目的设计、实施与评估,将涉及很多组织和个人,这些组织与个人都应该成为教师专业发展的主体,都应该有角色意识、责任意识与担当精神。责任主体可以是教师专业发展政策与制度的顶层设计者,可以是某个发展项目的责任人、指导者、管理者,也可以是教师所在的学校。只不过这些主体的责任主体的构成要素和结构,越远离教师这个"中心",其责任越具有间接性,但越承担着更大、更长远的责任;居于"中心"的教师是教师专业发展的直接责任主体。

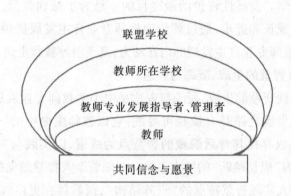

教师专业发展的责任主体结构图

所有责任主体都应该具有如下信念与愿景:第一,教师的专业素养和水平决定了教育的水平;第二,教师在专业学习的过程中是独立的、有担当的主体,其学习与发展具有过程性、实践性和生成性;第三,每一责任主体具有明确的责任,要敢于负责任并有能力承担行为后果。

在我国,教师的专业发展被高度"制度化",做好顶层设计、制定良好的教师专业发展政策与制度是各责任主体共同的责任。在学校联盟内,各责任主体也应承担相应的责任。

责任主体		主体责任
联盟学校	教师专业发展指导中心	1. 构建某个发展项目的理论基础； 2. 培育促进教师专业发展的学校联盟文化； 3. 基于教师真问题、真需求设计教师发展方案； 4. 撰写教师专业发展报告，解释教师专业发展背后的理论基础。
	教师专业发展研究中心	1. 有效执行教师专业发展方案； 2. 了解教师专业发展中的问题、困惑，有证据地组织研讨交流、学习与分享； 3. 给出具体的发展意见； 4. 参与教师的教研活动。
	教师专业发展评价中心	1. 过程中及时评估、反馈效果，基于生成问题提出整改方案； 2. 按照教师发展标准对教师发展水平进行评估。
教师		1. 明确阐述自己专业发展中的问题和困惑，做好发展规划； 2. 内化所学习的知识技能、在实践中提升； 3. 及时自我评估专业发展水平； 4. 保质保量完成研修任务，与同伴交流共享； 5. 提升学校整体教师的专业发展水平。

（二）转变成员角色

既然教师本身也是专业发展的责任主体，在学校联盟教研活动中，如何让每位教师实现传统角色的成功转变，从而在自我定位的前提下，实现研究团队内部的相互借势、实现共同发展，也是学校联盟需要解决的重要问题。

传统的团队通常为"固定的"领导与被领导，，在一个教研组长内"组长"是领导，"组员"是"听从者"，领导方式是"自上而下"进行的。这样的定位不利于形成各美其美的格局。而分布式领导下的团队，其成员角色是互为领导者与追随者，组长从行政领导向专业领导者转变，组员从附和者向专业领导者转变。

1. 教研组长：从行政领导走向专业领导

教研组长传统意义的角色定位是行政领导，一个组的管理者，主要是传递学校领导对教师的要求、任务等，管理组内教师日常教学工作，安排平时教研活动等。这一定位都是从"行政领导"的角度出发,所以我们经常能看到这样的一些现象:组长决定每次教研内容,组长一人评课,其他老师只是听听,组长独自承担科研任务等等。行政领导角色使组长和组员之间形成了上下级关系,组内教师基本处于被动状态,往往组长一人垄断了教研的话语权,其他教师成了附和者,容易造成教师没有参与热情、懒散无为的境况。分布式领导给教研组长定位赋予了新的内容,更大程度上让全组教师获得发展。我们并不完全否认中国现有教研组制度中"组长"的行政性,但是更多的是想让教研组长成为一个专业的领导者,让教研组成为一个真正教研的组织。如果教研组长本身在教学研究方面有所擅长,比如课程内容研制、课程实施研究、课程评价、课题研究等,那么就要充分挖掘个人所长,努力在某些领域中形成专业感召力,引领其他教师,让他们成为追随者,而不是行政压力下的被管理者。一个专业的团队领导者,可以是他人遇到教学难题时的一个终结者,也可以是主题研究时的一个规划者,或是点评课时的指路者,以己之长,凝聚团员。从行政领导到课程领导,教研组长角色的重新定位,让教研组的教研功能得到更多的发挥,也给了人人成为团队领导者更大的空间。

2. 组员:从追随者走向领导者

分布式领导希望每一位老师能够在团队发展的过程中实现人的发展——使每一个人有机会、也应该成为团队领导。在分布式领导的视角中,教研组组员的角色也需要更新,每个人都应渴望成为团队领导者,教研组是"人人成为领导"的梦想地。在很多教研组中存在着个别教师发展、大部分教师陪衬附和的现象。由于教研组团队之中教师发展存在差异,而教研活动中教师研讨又需要呈现教师综合素养,于是那些发展落后的教师就只是为附和别人而存在,这种只能成就个别人的教研组团队是制约分布式领导团队建设的重要原因。轮流为师是学校联盟解决这一问题的方法。不可否认,每一个教研团队都存在着教师发展的差异,但是,因为我们所有的教研活动是以"学—评—教联动"这个主题为核心,围绕它进行各种研讨的,因此,不管教师发展如何,每一位教师都会对主题有一定的理解,都会在"学—评—教联动"这个主题的某一方面理解得特别深刻。如有的老师对目标的叙写研究特别深刻,有的老师对评价设计理解特别深刻,有的老师对学生学习信息的收集、利用与分析研究特别透彻。如果分裂开来看,这些与教师整体发展关系不大,但是我们通过课堂观察的方式,让教师轮流上台针对不同的小主题做观察报告,让每一位教师都能成为某一领域的领导者,让其他人成为他的追随者。轮流为师,相互引领,分布式课程领导就在这样一种方式中逐渐形成。课堂观察汇报的轮值也让所有组员在同一领域之下形成发散式的发展,形成各自的专业领域。而一次次活动的相互引领又形成了一种微妙的分布式领导,让每一位教师都成为各自领域的专业领导者。

六、教师专业发展的问题破解

《孙子兵法》有云:"昔之善战者,先为不可胜,以待敌之可胜。"以往我们对教师专业发展的动力机制和成功经验关注较多,对教师发展的阻力与失败经历讳莫如深,在实践研究中,我们看到大多数教师还存有专业发展的挫败感,如何破解制约教师发展的关键问题,是学校联盟建设关注的重要内容。

(一)教师专业发展挫败感的原因

教师专业发展达不到预期的期望,除了个人发展欲望、发展方向、目标定位、方法措施等方面的主观因素,还存在着外部的客观因素。

1. 信息"原住民"的直接挑战

目前,作为信息"原住民"的学生,其信息来源和知识面越来越广,在课堂教学中的主体作用愈加明显。教师必须拥有过硬的专业本领,才能接得了学生的各种"高招儿"。这些本领不仅是学科专业知识,更是对学生的了解和与之互动的能力、灵动前卫的教育教学方式、宽阔博大的教育视野,甚至社会各领域的相关知识等。对此无论是新教师还是老教师,都感到相当大的心理压力,经常担心自己会被"挂"在讲台上。

2. 新生代家长的信任危机和过度关注

"70后""80后"家长对教育的要求越来越高,参与学校管理的意识和能力也越来越强,功利主义价值观也不时显现。例如:家长很关心教师是不是名教师和学科带头人等;关心教师的学科教学质量和已有的教学成绩;注重孩子对教师的评价等。有些家长甚至会通过各种渠道给教师和学校领导施加压力。教师的职业尊严受到严峻挑战。

3. 同事间各自为政

教师普遍反映,现在的教研活动通常只停留在形式上,坦诚交流、各抒己见和彼此学习的现象不多。教师大多是只管好自己的事,有的教师甚至会"留一手",怕别人吸取了他的经验后把他比下去。而某些高水平的教师,往往有较强的个性,对他人的看法也很敏感,相互之间较少有学术上的沟通。

4. 教研人员的惯性"差评"

教师们特别看重教研人员的评价,有些教师甚至害怕教研人员听他们的课,一是担心课堂上出现纰漏;二是担心教研人员当众批评;三是担心教研人员在学校领导面前否定自己,影响自己今后的发展。

5. 学校缺乏科学的指导与规划

学校对教师的发展缺乏整体的科学规划,对发展过程中面临的问题预见性不足,遇到新问题不能灵活应对。有的教师处于专业发展瓶颈期,领导不能及时发现问题,帮助其分析原因,寻找对策,鼓励其走出发展困境,或是提供必要的平台和资源,扶着教师走一程。

(二)教师专业发展幸福感的培育

要破解教师专业发展的挫败感,根本的做法就是培育教师专业发展的幸福感。只有把专业发展视为一种幸福的历程,教师才能摆脱名利的束缚,追求真正的职业幸福。

1. 树立正确的幸福观

幸福是什么?

左拉说:"每一个人可能的最大幸福是在全体人所实现的最大幸福之中。"

穆尼尔·纳素夫说:"真正的幸福只有当你真实地认识到人生的价值时,才能体会到。"

拉美特利说:"有研究的兴味的人是幸福的! 能够通过研究使自己的精神摆脱妄念并使自己摆脱虚荣心的人更加幸福。"

罗佐夫说:"人在履行职责中得到幸福。就像一个人虽驮着东西,可心头很舒畅。人要是没有它,不尽什么职责,就等于驾驶空车一样,也就是说,白白浪费。"

罗曼·罗兰说:"创造,或者酝酿未来的创造。这是一种必要性:幸福只能存在于这种必要性得到满足的时候。"

果戈理说:"如果有一天,我能够对我们的公共利益有所贡献,我就会认为自己是世界上最幸福的人了。"

徐特立说:"一个人有了远大的理想,就是在最艰苦困难的时候,也会感到幸福。"

别林斯基说得更彻底:"幸福,假如它只是属于我,成千上万人当中的一个人的财产,那就快从我这儿滚开吧!"

……

这些关于幸福的名言妙论尽管各不相同,但基本揭示了幸福的基本特征——幸福应该是在创造中的,幸福应该是在服务中的,幸福应该是在研究中的,幸福应该是与别人分享的。教育,恰恰具有这些共同的特征,因此,教育是让人们幸福的事业。教师从事着这个让人幸福的事业,自然也应该从中得到幸福感。(朱永新)

2. 学校联盟组织的积极引导

教师要度过困难期,克服挫败感,学校联盟组织就要抓住教师在各发展阶段的主要困惑和关键特质,因势利导,对症下药,才能引领教师"反败为胜",走出低谷,走向成功。

(1)适应期教师:忐忑不安的初学者

一般新教师都对自己的新工作充满信心和展望,积极性都比较高,但是由于没有经历、缺乏经验,往往会出现教学方法使用不当、学生管理低效混乱等现象。这个时期属于教师成长阶段中的适应期。此时新教师如果得不到领导和同事的理解和开导,就会情绪比较低落,影响其成长。

(2)发展期教师:不进则退的前行者

经过适应期后的教师一般就进入了发展期。这一时期的教师已积累了一定的教育教学经验,心理状态相对稳定,处于专业成长的上升期,此时联盟组织要重视引导和推动,要给他们配名师、压担子、搭台子,促使其自我成长。反之,教师就有可能会进入成长滞缓期,甚至成为一个平淡乃至平庸的教师。

(3)高峰期教师:积极奉献的引领者

教师在顺利度过发展期之后,就进入了高峰期。在这一时期,他们逐渐形成了自己的教育观点、教学主张和本体理论,有可能成为特级教师、名教师和学科带头人,成为教师的教师,引领一所学校甚至一个地区的教育发展。此时联盟组织要重视他们的教科研成果的形成,进一步提高其学术水平。联盟组织还要帮助他们树立集体主义的认识观,引导他们以团队发展为中心,带领好教师团队的建设和发展。

(4)"衰退期"教师:大气从容的守护者

随着年龄的增大,教师们往往在精力上、记忆力上和思维上都会出现倒退现象,进入成长的衰退期。此时联盟组织不能因其教学成绩下降而冷落他们,而是要主动关心其身心健康,组织他们多参加集体活动。同时,要发挥他们已有的经验和优势,让其觉得老有所为,如传承教研文化,指导和帮助年轻教师成长等,使其成为联盟组织发展的"守护神"。

七、教师专业发展的案例

有一个木匠,学得一手好手艺。他发挥自己的专业特长,给自己家安装了一扇做工精良的门。几年后,门上的钉子锈了,木匠找出钉子换上。后来,一块板朽了,木匠又换上一块板。再后来,门闩损了,木匠就又换了门闩……历经多年,这个门仍然坚固耐用,木匠甚是自豪!有一天,邻居对他说:"堂堂一个大木匠,你看看你家的门!"木匠仔细一看,才发觉周边邻居的门早已换成样式新颖、质地优良的不锈钢,而自己家的门却长满了"补丁"。木匠不禁哑然:"是我的这门手艺阻碍了我家门的发展啊!"

教师也如木匠,经验可以助推发展,经验也可能阻碍发展。优秀的教师,既要不断累积经验,但又不能沉溺于经验之中;既不屈从于困难,又要学会在困难面前及时转身。优秀的教师,需要不断地打开教育的视界,才能跨越一扇扇成长之门,步入专业成长的自由王国。

我们选取学校联盟教师的成长案例,也在于说明以上道理。

(一)个人成长故事

一名教师要真正成长起来,需要不断地在积累与反思中唤醒自我成长意识,经常性地拥有"成长感觉",感受到自己在进步。当老师们自我发展的内在需要真正被激发出来之后,教师的专业成长才算是装上"发动机",才会有不竭的发展动力。同样的,只有教师个人充分体验到自主发展的乐趣,才会有意识地为学生创造主动发展的空间。

1. 成长,人生的永恒主题

【作者简介】

刘云霞,凤城街道中心教学一级教师,山东省教学能手、烟台市教科研先进个人,烟台市差异教育研究骨干成员,山东省教科院首批访问学者。自零九年以来,以"基于差异,优化差异,发展差异"为基本理念指导,与伙伴们不断通过立足当下,探索反思存在问题来推进个人思考,形成了思维搭桥,寻联求通的教学主张,大气细腻,灵活严谨的个性化教学风格。与此同时,作为烟台差异教育研究核心成员,积极参与烟台本土课例编制技术、基于差异教育理念的课堂观察技术以及教后说课技术、学情把握技术的开发,使得自身的行动研究力与自我反思力日益提升。近年来,在区域差异教育课题研究以及教科研工作会议上八次进行经验交流或专题讲座,与山师大附小、蓬莱师范、海阳一中、育才小学等多所学校教师分享成长经验,主持省市级课题两项,省市级论文发表多篇。

岁月如梭,转眼间我已在小学数学教学这个工作岗位上坚守十七年。而今,我越来越喜欢通过分析与思考教学以及人生中的现象与问题,实现与学生生命的共同成长。当然,形成这样的认识,也正源自我漫长成长路上的点点滴滴,经历,是我宝贵的人生财富。

一、触底反弹,绝地重生

2008 年的春天,自认为教学水平不错的我于省优质课资格选拔赛上,一败而下,这个结果一下子把我打到了课堂教学的原点。不服输的我一边按压着心底的痛,一边冷静反思我的课堂教学中存在的问题。我为自己录像,请教老教师,终于明确我的课堂教学缺少思维对话的理念,缺少准确把握知识与学生的专业功底,缺少对学生进行灵活有效指导的敏锐机智与教学艺术! 认清了自己,找出了差距,也明确了前进的方向,在追求专业成长与思维流动式数学课堂的大路上我加快速度奔跑起来。

随后,2008 年底,北京行吴正宪老师的"每天改变一点点"的做法深深触动了我,指引着我走上了在"一点点改变"中的课堂授课水平成长之路。我常常为自己架起摄像机录课,作为局外人再度观课总能帮我明确下一步要改正的所在。我的语速较快,我就带着复读机上课;我的课堂留白较少,我就在课前把预设的问题提前说上几遍,找到适度的感觉,上课时,时刻提醒着自己多给学生等待与思索的时间;我对学生的学习指导不到位,我就不断研修,锤炼自己的课堂理答艺术! 2009 年,海阳市农村小学开放日活动中,我执讲《线段　射线　直线》,受到了与会领导的一致好评,迎来了比赛失利回归原点之后的第一次跳跃。我竟于一个个问题整改的量变积累中开始成长了起来。在我看来,课堂教学就是教师与学生,学生与学生在对话交往中和谐共进的过程，教师这个主持就像线，学生的思考就像珍珠，课堂教学的艺术，就在于教师这根线如何去唤醒、激活、串联这些珍珠里的宝贵想法！而这一切，是始于我对自我教学的清晰认识，正所谓知不足，然后能自反也；知困，然后能自强也！

二、突出重围，勇敢超越

2011年是我的收获之年，各种荣誉与成果纷至沓来，但是，再度回首之中，脑海中印下痕迹的并不是这些有形的荣誉与成果，更为深刻的是不断突围、不断超越的坚实备战过程，印象最深的就是让我饱受煎熬却提升了内功，铸炼了毅力的漫漫能手评选路……

记得那是11年的6月，我正在海边参加万米海滩万人跑活动前的会议，海阳市教学能手于下午一点在育才小学进行评选的电话，拉开了我能手比赛马拉松的序幕。7月，在接到烟台市教学能手说课比赛前的三天时间里，我开始了上战场前的磨刀恶补工作。每天除了做好日常工作外，其他的时间都在看《小学数学教育》，按平均一天四至五本的速度，直到如同不断吃东西的胃终于饱腹而要恶心的感觉传来时，才舍得移开目光去做点别的事情。但比赛的当天我抽到的题目却是《简易方程》——一节我从没听过也从没看过的课，三十分钟的准备时间里，只有一本数学课本。我曾经有那么五分钟的慌张，但是，很快便镇定下来，因为我一直坚信丛容应对才能发挥出最佳水平。接下来，我开始冷静思考这节课的知识目标与思想方法目标，然后，将知识辟成四层，最后丰富上数学活动，说课时侃侃而谈，市能手评选也算得上是轻松通过。可是，当又传来我被推到省里参加更高一级比赛的时候，除了短暂惊喜，我却更像蔫了的茄子——我的积累实在是太少，我一边后悔着没有把功夫下在平常，一边也拿出了背水一战的决心——开弓没有回头箭，我能做的，只有全力以赴，超越自我！

8月、9月，在大家享受暑假的惬意之时我进入了漫漫的备战等待期。一至五年级的所有教材，一课一课的整理教学设计，跟着骆老师听他辅导烟台市优质课参赛教师的讲座，每天看名师教学视频，边听边做记录。这种生活，的确很充实，但也真的是一种煎熬，当10月泰安赛期终于到来的时候，我煎榨的只剩下了淡定与从容，结果已经不被我看重，这个参与的过程本身对我来说就已经是一笔宝贵的财富，幸运的是，在抽出《小数的意义》课题之后的一天加一夜的时间里，我的师傅骆老师，一直陪伴在QQ话筒的另一头，我的队友于彩虹老师默默地陪我熬夜制作课件，有了众人的智慧与鼓励，在比赛的现场,我又一次幸运的突出了重围,摘下了省教学能手的桂冠。

当然泰安行,比这更为宝贵的收获是我对于生命的理解。12号上午赛后,我们在朋友安排下进入了植物园岱庙,其间怪异嶙峋、饱经沧桑的老树比比皆是,它们或直插云霄,或粗壮敦实,漫步其中,我恍若看见它们穿过历史的浩渺烟波,从远古一直站立到今天,这不禁让我思索,对比大自然的永恒,人类的生命是多么的渺小。生命的意义与价值,不在于那个最终的结果,而是生命的过程——亲情、爱情、友情的温暖与甜蜜,生活、工作、自我价值体验的满足感与幸福感。有了这样的理解,对每一个生命的敬畏感便自心底油然而生,深夜归程的火车上,我带着对教育、对学生生命的敬畏,开始了反思与追问:

教师是什么? 教师很显然是一份谋生的职业。而教师工作的对象是一个个活生生的生命,成长过程中等待着我们去培育的学生,学生动态发展的特殊性,决定了教师需要有较高的思想境界,需要注重“育”人的方式方法,就像母亲哺育我们的孩子,因此,教师不能仅仅是一个谋取生存的职业! 教育是什么呢?“教”,教知识,“育”,则是培养哺育,显然简单生硬的“教”是不可以的,要非常注意“教”的环境,用心选择“教”的内容,才能实现“育”的目标。“教育”一词极好的阐释了教师工作的目标或方法手段,“教与育”过程中营养不良,学生的成长就会存在问题! 而我作为一名数学教师,就是要基于数学学科教学,围绕十个核心概念,使学生慢慢形成四基、四能,培养学生数学思维能力,促进学生的终身发展!

带着这样的目标,也满含着对生命的敬畏,学习与思考便成了我日常教学生活的习惯,漫漫能手超越旅程,重重困境突围之路,不仅增强了我的专业功力,铸就了我坚韧的毅力,更实现了我教育教学理念的质的飞跃。

三、静心梳理,再度启航

不知何时我已走出了很远,收获了很多,在此,让我回归到一个真实的“人”的生活中去,来总结我如何在成长之路上走到了今天。“读、写、研”是我成长路上行走攀登的拐杖,对话文本让我的世界越来越宽广,对话课题让我在研中不断深化思考,对话专家,使我有了成长路上解渴的泉水导航的灯;而写提升了我对于教学与生活的理解,使我的思维逐渐深化,对于自我、对于人生、对于教学的认识越来越清晰,更使我拥有了言说的底气。是长期坚持读研写的行走方式,促使我在追求专业成长的道路上不断向上生长。

当然,读写研这三个拐杖的使用是需要条件的,第一,它们需要充足的时间作保证；第二，它们靠顽强的毅力来坚持，还有更重要的一条是它们需要我们可以获取和搭建我们展示自己读写研成果的平台，而工作与家庭给"读、写、研"带来的时间上的冲击就成了干扰我们学习成长的两对避不开的巨大矛盾，我的解决办法只有四个字"和谐、称职"，这是保证时间、滋养毅力、搭建平台的基本前提。学校中我构建和谐工作氛围，做称职中层领导与教师，解决学习与工作的矛盾；生活中我经营和谐家庭，做称职妈妈与妻子，解决学习与家庭的矛盾，因为和谐，我不断赢得学习的时间，坚持着我的读研写。应该承认我们都是平凡人，是凡人就不免有七情六欲，而"惰性、毅力和名利"则是最简单的困扰着我们每个平凡人发展的拦路虎，为此，我一方面结伴前行，靠伙伴间的你拉我带克服惰性，滋养毅力，另一方面不断搭建展示自我的平台，在成功价值体验中淡化名利，不断超越。

陶行知先生说：教师手里握着一代又一代人的命运！是的，从教十七年，使我对教育这份工作充满了深深的敬畏感，既为人师，那么为了促进学生的终身发展而不断学习也就成了我应尽的责任。其实，迈入三十的门槛之后，时间的飞速流逝也使我感到恐慌，好多年后，如果我只收获了满脸的皱纹那该是一件多么可怕的事情，所以我想，人生就是修行，成长是人生的永恒主题，而我把精神世界与文化素养的不断充盈作为我的追求目标，在这个没有限度的广阔空间里实现与学生的共同成长，如今，培养学生数学思维能力的目标指导着我在教学实践中不断思考前行。

亲爱的伙伴们，人常说，前世的五百次回眸才换来今生的擦肩而过，而我们大部分人，都已共同研究生活了十多年！因此，感恩生命中遇见大家，更感恩大家在我成长路上相伴相扶给我力量，催我思考，引我不断迈向前方。如今，褪却青葱羞涩，站在四十岁的门槛之前，我也越来越清晰地意识到，人，还是应该有点自己的精神与追求的。

这个精神与追求于教师而言，则源自我们教师自身对于一个问题的长期坚守与跟进所形成的独特系统的深刻理解，它会赋予我们个体以气质、灵魂，也会点亮我们的整个人生。《庄子》中说："适莽苍者，三餐而反，腹犹果然；适百里者，宿舂粮；适千里者，三月聚粮！"伙伴们，你可愿意凭借"读研写"来囤积我们的远行之粮，踏上自我精神与专业成长的永恒之路？愿与你一路同行！

2. 走在追逐梦想的路上

【作者简介】

杨秀玉,凤城街道中心小学一级教师,烟台市师德标兵,烟台市新课程改革优秀实验教师,海阳市优秀教师,优秀教研组长,学科带头人。新课程改革以来,以"以生为本"为基本理念指导,紧密联系课堂实践,以反思探索存在问题来推进个人思考,形成了"语文即生活,生活即语文"的教学主张,大气真实、灵活独特的个性化教学风格。与此同时,作为学校语文团队的骨干力量,积极参与学校组织的多次课堂打磨、展示活动,带领语文团队教师共同成长,使得团队教师的教研能力和合作意识日益提升。近年来,结合自己的教学实践主持了省市级课题两项,发表论文多篇。

"长大后我就成了你/

才知道那间教室/

放飞的是希望/

守巢的总是你/

才知道那块黑板写下的是真理/

擦去的是功利……/"

怀着梦想实现的喜悦和对教师职业的憧憬,我加入了教师的行列,开始了教书育人的人生之旅。

在"学习"中感悟成长。二十岁的我面对一群群可爱的孩子才感到自身知识、能力的匮乏,彷徨过,迷茫过。但我知道一个人只要能坚守梦想就能达到追求的目标,梦想的价值就在于能激发出生命的力量,这种力量如同火,可以照亮黑暗,也可以点亮智慧之灯。于是,我阅读教育专著,聆听大师们的教诲;珍惜每一次外出学习的机会,学习名师的授课与育人之道;学校的每一个教师也都成了我从教路上的引导者……在学习中,我愈加明白了"尊重和了解学生的个性,是打开学生心灵窗口的金钥匙"。我像大姐姐一样用心呵护孩子们的心灵,发现每一个孩子的闪光点,用欣赏、激励与期待静候每一朵花儿精彩的绽放。看着孩子们灿烂的笑脸,我享受着与孩子们交往的每时每刻,深深理解了朱永新老师说的一句话:"教育是一首诗,诗的名字叫热爱,在每个孩子的瞳孔里,有一颗母亲的心。"

在"思索"中得以发展。近三十岁的我,对教学工作已得心应手。但我知道,追梦的路上还有更多美丽的风景等待去发现。我学会了反思,学会了探索，告诉自己要做一个智慧的班主任。闲暇时，我决不放过每一个浮现在我脑海的教育瞬间，总会仔细回忆当时的场景，分析背后的原因及自己的处理方法，思考并尝试着更好的解决途径。于是，在班级管理中，我心甘情愿地做学生的配角，把舞台让给孩子们。工作中我积极调动班干部的力量，引导全班同学分工合作，共同管理班级，树立学生的主人翁意识。我的任务则转变为：在班级中传递正能量，用诚信感染教育学生，严慈相济笃行教师的博爱，和孩子们一起营造一个快乐、和谐、团结的班集体；做好家校联系，与家长们一起谈孩子的心理成长、谈孩子的兴趣爱好，赢得了家长的信任与拥护，为孩子们的健康成长铺平道路。每学期学校组织的歌咏比赛、运动会、经典诵读、卫生大扫除……孩子们都安排得有条不紊，一张张奖状、一块块奖牌被孩子们捧回教室，我兴奋不已，还有什么比看到孩子们独立、快乐、健康成长更让人欣喜的呢？2004年烟台市"和谐高效思维对话"型课堂的推行，成为我课堂教学发展的转折点。"学生主体，教师主导"意味着什么？怎样在教学中践行这一理念？对于农村教师来说这是一种全新的理念，但我很愿意尝试！反复推敲学习后，我对自己的课堂进行了大胆改革，就这样我为全镇教师展示了样板课。在一次次的反思与探索中，我的课堂有了一次次质的飞跃——七次执讲海阳市优质课；2006年6月年被评为"烟台市新课程改革优秀实验教师"；2012年8月执讲的《我有一双明亮的眼睛》获烟台市优质课证书。

在"研究"中寻求创新。步入不惑之年的我，并不满足于眼前所取得的成绩，因为我要听从内心最真切的召唤——我会做得更好！我要深入研究，形成属于自己的教学风格。我主张"语文即生活、生活即语文"——把孩子们的生活搬进了课堂，将课堂融入了孩子们的生活。无论是语文课还是思品课，我都用心寻找文本与生活的结合点，为文本和学生的生活实际架起桥梁，使学习来源于生活、服务于生活，因此我的课堂是多种学科的整合，也是多种知识的融合。难怪听过我的课的老师们都说："杨老师的课堂是彩色的。"

作为语文教师，我深知作文教学的重要性。强烈的责任感驱使我要在研究"如何提高学生的写作水平"做点什么。我的研究有序地展开了：训练组学习前我会布置学生观察生活、搜集相关资料；课例学习时由文本联想到学生的生活，进行相应的小练笔；写作时我和孩子们一同作文，一同讲评修改。一系列的措施使学生不再为作文发愁，他们已慢慢地爱上了写作。在此基础上,我又进行了大胆地尝试:每周一的第一节语文课变成了全班的"聊天课",为孩子们积累写作素材;每逢寒暑假,我就要求孩子们认真阅读一本完整的书,开学后每周四、五午读时间举行孩子们的好书推荐活动,为孩子们丰富语言积累;每次习作后建立班级作文集,将优秀的学生习作进行了电子存档,发在全班同学QQ群中,让家长点评鼓励。尽管这些工作耗费了我大量的休息时间和精力,但看到学生的写作兴趣大增,写作水平有了明显的提升,我觉得付出再多都值了! 作文教学的研究积累为我参与课题研究奠定了坚实的基础。2008年12月撰写的论文《同学生一起写作》获烟台市小学语文优秀论文一等奖;2012年7月主持的海阳市教育科学"十二五"规划重点课题《关于小学生作文教学指导的研究》,顺利结题;2013年12月撰写的《浅谈作文教学中师生同时"下水"的做法和体会》发表于《教育学刊》第八期。2014年主持的山东省教学研究室"十二五"研究课题《小学生养成教育的策略研究》顺利结题。2015年9月,我被评为烟台市"师德标兵";2017年2月被评为海阳市"十二五"教育科研工作先进个人。

不知道从什么时候起,我成了我们学校教师们口中的"杨大姐"。我想不仅仅是因为年龄,更因为我成了大家的"主心骨"。特别是年轻教师,他们不仅喜欢与我分享自己在教育教学中的点滴成功,更愿意与我探讨教育教学中的困惑。每当这时,我总是想:自己是一名老教师了,应该尽自己所能多给年轻教师一些帮助和引领,让他们少走弯路,让他们的孩子们多一些收获。于是我毫不保留地与他们一起去分析原因,共同寻找解决问题的办法,让他们在成长的路上不再孤单,感受到团队的温暖与力量。我积极融入团队的建设,在团队中找到了自己的位置,多次帮助青年教师修改教案,打造课堂:与鞠爱宠主任一起探究的读书推荐课,让老师们懂得了课堂活动设计的重要性;与徐亚琼老师一起探讨的烟台优质课设计,使老师们了解了低年级绘本课的流程;与郭小杰老师一遍一遍修改的烟台市优质课教案,令老师们知道了"成语故事"课堂应达到的效果;与郭老师共同打磨《巨人的花园》,"以文代文"的教学模式在老师们的头脑中渐渐清晰起来……因为许多课型都是我第一次接触到的,我总是先查资料、观看类似的视频,然后根据教师的特点进行设计,并反复在脑中试讲,常常废寝忘食。在团队成长的过程中,有时还会遇到讲课教师打退堂鼓的情况,这时我就是他们的姐姐,与他们促膝长谈,安慰他们、鼓励他们,让他们始终铭记——"心有多大,舞台就有多大",只要朝着自己梦想的方向前行,就定会一路欢歌、满载收获。看着我校的青年老师们逐渐成长起来,获得一次又一次的成功,我的心里有感动,有欣慰……

有人说:"一粒花种,追随梦想就能盛开出一个春天;一株树苗,追随梦想就能长成一片森林;一滴水珠,追随梦想就能汇聚成一片海洋。"28年来,我怀揣教育梦想,践行教育誓言,在平凡中品味着职业的幸福,在历练中绽放着青春的风采,在逐梦的路上谱写着一首最美的赞歌!

3. 成长路上的三部曲

【作者简介】

修洁,育才小学一级教师、烟台市师德标兵、烟台市"十二五"教育技术课题研究先进个人、山东省远程研修课程专家、山东省教育教学信息化评选专家。先后从事初中数学和小学数学教学及管理。凭借对数学教学执着的爱和课堂教学的历练,自2011年以来,先后执讲过国家级数学优质课一节、省级数学优质课一节、烟台市数学、心理健康优质课七节。

回首成长之路,我相信,每个人的成长都是一段美丽的佳话。我的成长之路历经曲折,有过喜、有过忧、有过踌躇、有过精彩,更有来自学校联盟的原动力。

清晰地记得在学校联盟共同体中诉说自己"成长故事"的那个开始……本以为"故事"是个传说,本以为"故事"是闲暇时刻谈论的话题,本以为"故事"与"成长"是互不相干的。然而当学校联盟教研QQ群的对话框弹出消息:"要求每位联盟成员撰写'我的成长故事'一篇"的那刻,我猛然醒悟,原来成长也是有"故事"的。我追问自己:"我的成长是一个怎样故事?我成长的足迹在哪里?"思绪就在这一个又一个追问中不断展开。

第一部:初识成长　我心澎湃

2009年我从里店初中调入育才小学,10年的初四教学生活固化我的思维,踏进教室的一瞬间,被那"可爱"的小凳子、小桌子"雷倒",浑然不知所措。习惯了仰脸看初中学生的脸,此刻竟然要低头甚至弯腰去听孩子们说话,很不适应。说来也许很巧,联盟成员推荐读的一本《蹲下来和孩子一起看教育》的书吸引了我,"教师工作具有极强的艺术性。而对于孩子,也就是那些中小学生来说,由他们的本身特点及身心发展规律所决定,老师又必须要能抓住这些孩子的特点,避免成人化的教育方式。因此,老师在教育时,必须要能'蹲下自己的身子'。"于是,我学到了第一个成长的动作:与孩子相处,蹲下来……

开学第三周,学校领导要听新调入教师的课。我选择了执讲四年级上册《三角形的面积》这一课,课前我花了大量的时间研究教材、熟练教法,请教老教师和教研组长,借同事的班级练课,做足了准备。当我感觉良好地从讲台上走下来时,我得到的是领导的微微赞许,他们肯定了一个刚刚由初中转为小学的老师用心之苦。我沉浸在这小小的喜悦中。喜悦还没有消退,市教研室骆本强主任(他是我们学校联盟的专家指导老师)来学校,领导安排听我的课,那一刻我方知道学习的路才刚刚开始。进入课堂的那一刻,骆主任给每一位听课老师发了一个小纸条,确定了四个观课维度(现在想来,那就是观课点最初的模型)——教师讲授、策略运用、学生行为、达成效果。每一点、每一面都有教师在关注,每一滴、每一处都有教师在记录,这样细致地研究一堂课,仔细地推敲一节课,我真是第一次见识,面对这样一个"强大"的阵容,我有点蒙了。

令我"震撼"的不仅仅来自观课,更甚的是议课。老师们引用记录的数据,一条一条地分析,环节过渡上缺乏功夫,课堂生成方面缺乏经验,学生的管理指导无序,学生对新学的知识不扎实,对学生的关注度不够……听着满身的伤痕,我茫然,头脑一片空白。一个半小时的评课,我如坐针毡,心凉到了极点。会后我痛哭流涕,久久不能平静,我第一次感觉自己的学识是如此浅薄,自己的学业是如此不精,我才清楚地知道自己一直驻留在原点,我内心的声音在呐喊——我要学习,我要成长。

擦干泪水从头来,先从反思开始,很少写东西的我,第一篇的反思我一直写到凌晨1点,战战兢兢地把它发给了骆老师,第二天就收到了骆老师的回信,骆老师用红笔标注,用斜体字补白,整整改动了213个字符,当我一字一字地读完,泪水又流淌了好久。

许是一语惊醒梦中人吧!我明白了原来"蹲"要真正"蹲下来",从细节做起,从一点一滴做起,我做好了成长的决定!

第二部:渐行渐远 我心徜徉

痛定思痛,从听评课的那一刻开始,我利用一切时间学习。我先从把握知识入手,研读课标,通透教参,第一个到校,把当天上课的内容再从头理顺一遍,挨个知识点摸,逐句话揣摩。向老教师请教不再停留在表面,把课堂上的疑惑与大家共研。个性化教案上各种颜色的笔迹留下的全是我的疑惑与反思。当心坚定,也就不怕痛了,记得李丽校长曾经跟我说过一句话:"不逼自己一把,永远都不知自己有多优秀!"

我申请加入了海阳数学团队,也把自己逼上了一条只能前行的成长之路。那段时间的夜晚是最充实的,每天晚7:00准时登陆qq,"潜水"到群里观望,不敢发言,因为我发现了我有太多的不懂。那晚终于逮到机会研究"平面图形的面积",我兴奋极了,一条观点噌的一声上去了,没想到,我的观点"炙手可热",群里聊开了"蜡笔小新(我的网名)的观点是有问题的,缺少了……",一时间,脸红心跳,也不知所措,忙在群上去解释,第二条观点又上去了,"喜剧"再次发生,"蜡笔小新又错了,这次是……",我再也不敢吱声。这时,同伴小窗口找到我进行私聊,简短的一句话:"从百度上搜搜看吧!"又是一盏明灯,我结识了"度娘",从那以后我不再惧怕自己观点错误,我不再惧怕被别人批判,在交互中我懂得更多了。参与群聊,我渐渐知道原来成长并不是那么简单,需要积淀的很多,需要补白的更多,我做好了准备。

"非学无以广才,非志无以成学。学习是工作之基、能力之本、水平之源",我深深地知道一名数学教师要学习的还有好多好多。

白天忙工作没有时间钻研业务,晚上是最佳的时间,备课、反思、读书未曾间断过,11点睡觉也已经成为习惯。在那期间学校领导和老师们会不定时地把精彩的文章发给我,各地教研员推荐的文章、精品的课例、名师的观点等等,我如获珍宝,努力学习,我突然发现,我的成长路上有这么多人来关注我,我应该是快乐的。

还记得当时"1+1教育博客"很盛行,我双管齐下,分别在学校网站和"1+1"教育社区申请了博客,每篇文章都是分别发送,不间断地浏览名家的文章,看着"大家"们,谈教育、谈理想、谈课堂,我收获颇多。感动于大家的鼓励和支持,还记得第一次我艰辛地用"二指禅"耗时良久敲下了一篇博文,惊喜中我发现有游客留言了、点评了:"看得出你每天都在成长,加油!""喜欢记录中孩子们的精彩","多好的课堂情景"……这一则则的点评催化了我坚持下去的信念,竟然有人关注这样的一个我?我每天都成长了吗?"我做的什么事说明那是成长?"我又不断地追问着自己,"成长"两个字在我头脑中烙下了深深的印痕,我要成长,我渴望成长!我心澎湃!

渐渐地我融入了育小,与同伴们一起早到、晚走……本以为教学成绩会不错,岂料期中阶段性检测,光"计算"就把我击倒,60多人中全对的学生仅仅有15名,我在踟蹰中,又是班主任黄绍梅老师帮助了我:"利用午练时间抓一抓吧!每天中午你早来点,午练铃响之前个别辅导一下吧!"育小的老师就是这样,会义无反顾地帮你。那时的我,渴望有人给我导航的明灯,渴望有人授之以渔。我很幸运,在成长的路上,遇到了太多太多的好心人。感谢同伴,陪我渐行渐远。

第三部:携手同伴　我心依旧

俗话说得好:"一个人能走多远,要看他与谁同行",感谢育小给予我平台,感谢学校联盟给予我平台,我与同伴们携手同行,不断开拓着。

2013年我被提拔为教务副主任,学校让我负责新教师的培训工作,我与新教师一起成长着。开学之后我不断地与他们个别谈话,了解他们内心的感受,了解他们的工作需求,我努力去量体裁衣,联系学校给予他们业务上、生活上的帮助和支持。在和新教师的每次座谈中,我的感受都是不同的,我聆听着她们的心声,感动着她们的感动,也心痛着她们的心痛!我与新教师们一起记录生活中的每一个点滴。每天的工作日志记录着我们所做的一切工作,每周一汇总,每月一总结,我们一起畅谈。当我深深地感受着她们那颗渴望成长的心,我是幸福的。

《墨子·修身》中有这样一句话:"士虽有学,而行为本焉。"这句话向我们传递的信息就是要成为一个勇于创新的实践者。2013年1月10日学校联盟教研的第一次活动开始了,28位同伴一起相携共话成长,观课议课演绎着课堂的精彩,教育论坛描绘着自己的个性化教学风格,我感觉又找到了新的组织,一个可以让我尽情展现自我的舞台。

2014年3月26日那天,天是那么蓝,零星飘零的雪花与屋内激情澎湃的共同体成员是那么相衬。我和其他五位同伴用每人五分钟的时间,向全市小学校长和骨干教师如数家珍般地诉说着我们学校联盟教研共同体成长的旅程。虽然只有短短五分钟的展示时间,却带给我太多太多的思考和回忆。

交流的那篇稿子,我迟疑了好久才动笔写,因为我要用短短的五分钟把一年中的所有点滴一一拾起。我翻阅着第一期学校联盟的简报,翻阅着本子上第一次活动的纪实,回想着同伴那一张张因为激情涌动涨红的脸蛋,心被触动了,活动的情景历历在目,那桩桩件件在我手中流淌。虽然我异常用心地撰写着稿子,终究也是在多次审阅、多次彩排中修改着。一个精益求精的团队,是容不得半点的瑕疵。准备的过程是艰辛的,结果却是幸福的。当我们的汇报材料发表在《海阳教研》专栏上时,我知道这是学校联盟教研所有成员智慧的结晶。其实,成长本身就是这样,会在不经意间让你感受那份喜悦与满足,只要你愿意。

成长是怎样的一个故事,现在说来也许就是用那一个时间段、一个人物、一个地方、一桩事件来涂鸦而成就的一幅美丽又满载憧憬的画卷吧!喜欢李丽校长的那句话:"成长是需要经历阵痛的!"

我的故事还在继续……

(二)专业成长案例

教师成长分享汇,打造了一个专业发展平台,让教师在平等宽松的氛围中,交锋、切磋、共鸣、共振,以呈现、汇集、交流各种教育教学思想及教育教学实践中的感悟,通过对话与分享的方式,给每位教师提供更多的思考问题的空间,激活教师的思想,开阔教师的思路,确立教师的教育信念,活跃学校的学术氛围,促进教师由"经验型"向"研究型"转变。

1. 育才小学汪敏:朴实简约,本色课堂

【我的教学风格解读】

从没敢想过自己的教学已经形成了什么风格,因为我总觉得那是教育专家才能达到的高度。只是,在教学实践中我一直向往着"朴实简约,彰显本色"的课堂,造就"自能读书"的学生,为学生的后续发展铺路奠基。一路走来,我不断积蕴教育理念,不断认识自我、发展自我、扬长避短,朝着合乎自己审美个性和特长的教学目标去努力。

北京著名特级教师张光璎老师提出:"做老师要集百家之长,走自己的路。"正所谓的"博取广收,取精用宏"。在日常的教学中,如果只是借鉴,而失掉了自己的特色,那就是标准的邯郸学步。名师们的课除了他们那扎实的教学功底令人折服外,关键是他们的人文素养决定了课的魅力。我最崇尚诗意语文,他们让语文课堂成为儿童"梦"的故园。他们每一位从教者都有着丰富的文化底蕴、高超的教育智慧、宏阔的课程视野和远大的职业境界;他们每个人都充盈着儒雅之气、文雅之态、高雅之趣和大雅之志,穷我一生也无法企及。可是如果盲目随从,只能是随波逐流,东施效颦。课堂上,采撷名师们的教学艺术虽能提高我们的教学技法，使得我们的课堂绽放异彩，但没有自己的思想，这种移花接木的伎俩，带来的只是昙花一现，课堂的生命力不会长久。我还是应该回归真实的自我，因为平实最真，从容最美，看清自己很重要。我性格属于外向直爽型，工作节奏快，讲求效率，注重实践，教学语言简洁明快，条理清楚，思想深刻，感情真挚。借鉴于名师所学，融于性格特点，逐渐在深思中对自己的课堂有了明晰的追寻——朴实简约的本色课堂。

【我的教学风格形成之路】

一、在开阔视野、模仿名师中思考"我是谁"——发现自我

1991年，我们海阳市开展了系列达标课活动，毕业才一年的我就开始做立标人，讲观摩课。十几年来从未间断地出课，然而，我的课堂教学水平并没有随着越来越多的证书而高起来，我反而越来越感到缺乏新意，似乎少了点什么。

1. 开阔视野，自我反省

迷茫中，偶然的一次网游，走进了"特级教师家园"，有缘邂逅网上的许多名师。自此我进入了一个五彩缤纷的教学世界，让我这个乡村的小学教师大开眼界，真如"刘姥姥进了大观园"。在这里有课堂如行云流水般洒脱的支玉恒；有富有真情，技巧超群的于永正；有诗情画意的王崧舟；有激情演绎的窦桂梅；还有从从容容的贾志敏，智慧朴实的薛法根……更为幸运的是，2006年在威海参加小学语文"本色课堂"研讨会，又如愿见到了仰慕已久的几位名师，享受到了他们精彩的课堂。那种震撼可以说是在心中掀起了巨澜，久久都无法平静。之后又相继去济南、烟台、青岛、潍坊等地参观学习。在这个过程当中受名师们的文化修养和由此而展现的课堂魅力所吸引，拿起了教育专著，天天啃着、思考着。读陶行知，读苏霍姆林斯基，读《终生的准备与超越》、读《为了自由呼吸的教育》、读《给生命涂上爱的底色》等等系列教育丛书，一个个案例，一条条建议，让我的心慢慢沉静下来。见识广了，视野开阔了，心里越发对自己的课堂产生了疑问：我有的是什么样的课堂？我想有什么样的课堂呢？就目前自己的学识，在教学的路上能站多高，走多远呢？我们每位教师不一定都有成为名师的机会，但都少不了锤炼自己教学风格的梦想，因为我们的每一个生命都是如此的与众不同。

困惑中，韩愈一语"古之学者必有师"让我眼前一亮：学习名师，借他山之石来攻自己的"教学之玉"。于是，我从模仿名师起步，开始了追寻自己的课堂之路。

2. 模仿名师，启迪智慧

模仿，不是死搬硬套，"照葫芦画瓢"，关键是要敏于发现别人的长处，尤其是教育名家，他们有深厚的文化底蕴，丰富的教学经历，独到的教学艺术和教学思想，需要虚心学习和用心研究。2006 年的暑假，我把以上名师的课堂实录与教学艺术研究在网上"一网打尽"，整理了一本十五万余字的纪实。我细细地揣摩每一个精彩的段落，静心捕捉每个独具匠心的构思，常常像哥伦布发现新大陆一样，发现自己未知的领域，从中汲取理论的营养，获得智慧的启迪。

如何把别人的经验应用到自己的教学实践中来，为我所用，融化成自己的东西？ 于是在我的课堂上出现了名师上课时的一招一式、一言一行："能滔滔不绝地说，这是水平；能静静地听，那叫修养！"（王崧舟老师的评价语）；"会读书的人，用两只眼睛看，一只眼睛看到纸面上的东西，另一只眼睛看到纸的背后"（于永正老师指导读书的方法）；"看你读的真棒！请你先不要说出自己的感受，其他同学谈谈从他的读中你听出了什么？""告诉同学们你读得这么好，是因为你在读时注意了什么？""老师要奖励你，奖你为同学们再读一段……"（支玉恒老师引导、评价、激励学生读书思考的做法），顺畅之时，常常有荡气回肠、豁然开朗之感，课堂也有了生气。研究最深、学习最多的是于永正老师。他的新课导入、用词造句、课堂练笔、阅读指导、暗示教学的艺术等等都让我耳目一新。我在不同的课文中巧妙地借鉴他的一个新点子，悄悄地运用在自己的教学设计中，常常有一种意想不到的收获，品尝到成功的乐趣；偶尔再学学窦桂梅老师的激情飞扬和薛法根老师的智慧……"海不择细流，故能成其大，山不拒细壤，方能就其高；"博取广收，开启了我的心智。

教学风格的形成是教学创新的具体体现，但没有模仿，就无从创新，就像不学习知识，就无法发展智力一样。而作为教师个人成长最忌讳的却是始终"拿来"。所以在模仿、借鉴、融化的过程中，最终要学会自己走路，走自己的路。

二、在专业引领、深度思考中寻找"真我"——朴实简约

北京著名特级教师张光璎老师提出的："做老师要集百家之长，走自己的路。"正所谓的"博取广收，取精用宏"。借鉴于名师所学，融于性格特点，逐渐在深思中对自己的课堂有了明晰的追寻——朴实简约。

1. 简约在冥思中追寻——精心备好每节课,在深刻中寻求简单

如崔峦会长所言:简简单单教语文,扎扎实实求发展。反思自己的课堂,很长一段时间里,阅读课上最大的问题是无法在40分钟的时间里完成一篇课文的教学任务,而且这也是我身边许多的语文老师都感到困惑的问题:是课文太长?是追求面面俱到了?现在再看,完全是把简单的事情复杂化了。每拿到一篇课文,还没读两遍,便考虑怎样上出"彩"来——做什么样的课件,哪里可以表演,哪里可以"小组合作",哪里可以拓展、发散,哪里可以有"多元解读",如此等等,这些伎俩掩饰了自己的肤浅和浮躁。在这个问题的背后,影射出来的就是没有精心钻研教材。教材吃不透是教学的大忌,追求简单不是要放弃深刻,而是要学会有选择地放弃,追求深刻的简单。于永正老师说他拿起一篇课文不读上十遍八遍他不会想如何上这节课;王崧舟老师是被誉为用一生备课的人,一首《长相思》,寥寥几语他用了一个月的时间去备课。我想这不仅仅是一种方法,更是前辈们一种敬业的精神与从业的态度。2005年的春天,烟台市教科所的领导张裕铢校长到我们学校来调研,听我讲《生命 生命》一课。点评时,张校长对我的课给予了高度的评价,但最后她说这堂课有一个问题就是对教材深层次的研究不够,环节过于繁杂。那只飞蛾在作者的手中鼓动双翅,极力挣扎,所体现出来的不仅仅是摆脱危险要逃生的欲望,更体现了它对生命的渴望、珍惜与尊重。再联系作者的身世就能让学生简洁明了地体会到她为什么强烈地呼喊"生命,生命"。一语惊醒梦中人,明白了这一点,自此以后,我把深层读课文和设计简约教案当作是一种挑战,同时也成了一种乐趣。最初,一个设计要花好几天的时间,写成七八页的初稿,再经过沉淀思考慢慢达到一两页的定稿(曾经有一个设计从备课开始到定稿反复修改用了将近百页纸)。经历这样一个过程,到现在,可以做到第二天要讲课,头一天的晚上开始读书、思考,一两个小时拿出可行的教学设计。

要做一件事,当我们明白了其中最核心的问题,寻求解决问题的办法也就简单多了。上课不带课本,课本在心里,学生就能在眼里。当我们把教材烂熟于心的时候,当我们把眼光投在孩子们身上的时候,备出一堂好课的感觉就是那么简单。

2. 朴实在课堂里栖居——用心上好每堂课,把课堂还给每个学生

我认为一堂语文课上读一读、悟一悟、背一背、写一写,这就是"返璞归真"。无须华丽的辞藻,舍弃没有必要的繁文缛节,朴实得就像秋天的大自

然，一切归于沉寂，却又处处蕴含着成熟的魅力。简单的理念让我从烦琐的语文课堂中走出来了。在我的课堂上没有娓娓动听的讲述，没有热热闹闹的一问一答，而是完全放手让学生读书、思考，让学生的读书实践活动贯穿课堂的始终。支老师第二次到我们学校指导课时，我讲的是《威尼斯的小艇》。课中，根据生活经验，我抛下一个话题推进学生的读书和思考："假如你真的来到了威尼斯旅游，带着摄像机，你最想把哪处景物拍摄下来，介绍给你的家人和朋友？"然后让学生自由地读书，自由地摄取。接着，一句话"把你摄取到的景物绘声绘色地介绍给大家吧！"引发学生抓住重点的词句和段落进行交流。在交流中学生把自己对景物的喜爱与理解通过读表达出来，不同的感受，就有不同的表达和朗读。这篇课文文字浅显易懂，很容易激起学困生的兴趣。所以课堂上除了让他们读出声，读出情，还要给他们创造思考的机会。"在威尼斯，还有什么人可能坐着小艇干什么？"这些孩子都想象得很有趣。在这个过程中特别注重使每个学生都体验到成功的快乐。很多的学生对语言优美的《威尼斯之夜》感兴趣，那么我就让喜欢的学生积累背诵下来，其他的同学可以选择文中的段落来积累背诵。

读是语文课的魂，与读相辅相成的是写。如何将写有机融合于教学之中，让读写在结合中伸展？我借助文本，读到此处此景，或深层挖掘，或想象补充，或课外引进，或课文续写……读读写写，简单中完成语文最根本的任务。

三、在反复历练中成就课堂，塑造"新我"——超越技巧

1. 技巧在智慧中转向——让学生在阅读中提升语文素养

两次公开执讲《跨越海峡的生命桥》。第一次是在 2006 年，支老师第一次到我们学校献课指导工作。自己感到幸运的是出课，可以得到支老师的亲自指导。在课上我专门研究了支老师的指导学生朗读的技巧，比如：《第一场雪》中怎样用虚声和实声把静和动读出来，谁能把雪"读得很大很大"，谁能把夜读得"很静很静"；印象最深的是支老师带领学生学习雪后景色的部分。那种巧妙的吟哦揣摩，既是对语言文字的深入理解，又是对语言文字的反复玩味。学习支老师的这种技巧，把它应用在《跨越海峡的生命桥》中：地震中李博士和台湾青年冒着生命危险抽取骨髓的部分。师：地震来了，跑到空旷的地方才安全，可李博士和台湾青年却依然待在手术室里，看谁能通过读把大家带到地震中去？然后根据学生读的情况：刚刚感觉点地震的震动；刚才的同学刚把我们带去一点又被你拉回来了，跟老师一起到那里去看

看……大家想，就这两段课文本质上的区别，以及当时我对读书方法的浅薄理解，我能把学生带到哪里去呢？生吞活剥了！

技巧，是因人而异，它既是基本方法的巧妙运用，同时体现的是个人的知识、能力、素质的高度。当方法演变为一种风格的时候，会让自己的课堂精彩无限。读是语文课的魂，不具备这样的素养就不能同样精彩地完成同样的教学任务吗？今年春天，教科所的领导又点了这篇课文让我出课。那时候，我已经对课堂有了自己的思想，不会再去生搬硬套。整文我就设计了一个话题：最触动你心的是什么？学生：是小钱十八岁的含苞待放的生命之花就要凋谢了的场景；是他的家人永不放弃，辗转千里为他寻找合适的骨髓的精神；是李博士和台湾青年在地震中为小钱抽取骨髓的爱心……这次在引领学生读这部分时，我学会了扬长避短，没有显山露水的直白指导，而是在潜移默化中以情带读，读中悟情：大陆，小钱和家人正翘首企盼，此时此刻李博士正——；地震刚刚过去，青年静静地躺在病床上，他——；一阵余震突然袭来，李博士和青年——。学生的读在这"无痕"的训练中得到提高。

在不断讲课的过程中我不断地历练，不断地提升，从中悟出了许多技巧转向的道理和方法。我们都是最普通的小学教师，有很多的素养和教育技巧不是我们想拥有就能练成的，所以我们在苦练基本功的同时还应该学会时时刻刻运用自己的智慧。

2. 语文在阅读中回归——让学生自能读书加快精神成长

没有什么比自由的读书和自由的表达更能把梦带向远方。朴实简约的课堂使得在日常的教学中能轻松地达到一个课时一篇精读课文，一个课时两篇略读课文，为孩子们的阅读赢得了大量宝贵的课内时间。于是我开始着力于"主题拓展阅读"的构想与实践操作。我以语文单元主题为抓手，选择更多的同主题下的优秀篇目，用一堂课的时间，带领学生用课文中学到的方法再来阅读，这样既拓宽了学生的阅读面，还提高了学生的阅读实效性。

朱永新教授说过，一个人的阅读史就是一个人的精神发育史。而童年的阅读对于一个人完美人格的形成又起着非常重要的作用。学生阅读量的大幅提高，丰厚了学生的文化底蕴，让学生感受到了文字的魅力。课堂上，他们思维敏捷，乐于读书思考，善于表达，无须老师做烦琐详细的讲解，将学习轻松简单的含义与我们课堂追求的简单形成和谐统一。我的学生就如一群毛毛虫，在这大量的阅读中，不断地为将来蜕变为一只只美丽的蝴蝶，积蓄力量。

【我的教学实录】

课题:鲁教版五年级阅读教学课例《威尼斯的小艇》

一、激发兴趣,导入新课

师:上节课我们在季美林先生的引领下,走上德国的大街,欣赏了家家户户五彩斑斓的鲜花,感受到花背后德国人那颗"人人为我,我为人人"的高尚的心。这节课我们再走进第22课,感受威尼斯与众不同的独特风情。(板书:威尼斯)有同学了解这个地方吗?

生:我知道威尼斯是个水上城市,在意大利。

生:我在电视上看过威尼斯的纪录片,是个非常美丽的地方,那里的人出门都做小艇。

生:我舅舅去过那个地方,还给我带了明信片,他们住的房子都是建在水上的。

师:你们通过阅读等多种途径,对威尼斯有了一定的了解。百闻不如一见,让我们跟随摄像师到威尼斯去走一走,看一看。(放视频——威尼斯风光)。

(设计意图:利用多媒体向学生展示威尼斯的风光,让学生对这个遥远而陌生的地方有一点直观的认识,从而也激发学生的学习兴趣和探究欲望。)

师:观看了那里的视频,我们都不难发现这里与众不同的地方。威尼斯是一个世界闻名的"水上城市",河道纵横交叉,所以这里就有了独特的交通工具——小艇(板书,完成课题)。这节课我们就跟随作者走进威尼斯,看看这别样的交通工具,领略它独特的风情。

二、初读课文,整体感知

师:请同学们自由读课文,首先要做到把字音读准,语句读通顺,遇到有困难的地方应反复地读,坚持读好,也可以寻求他人的帮助。

学生自由阅读。

师:现在请你把刚才读书时遇到困难经反复练习才读好的句子或是你认为自己读得最棒的地方,读给大家听一听。

师:再请几名同学合作把课文读一读,其他同学认真听,试试这几位同学能不能把我们带到威尼斯去。

师:带去了吗?你仿佛看到了怎样的景色或是一幅幅什么样的画面?

生:我仿佛坐上了那长长的、两头向上翘起的小艇,非常有意思。

生:我仿佛看到了船夫们驾着小艇在大街小巷自由地穿梭,技术非常高超。

生:我看到了那里的人们坐着小艇出去做个人的事情,很方便也很舒服的样子。

师:你们的想象很丰富。

(设计意图:展示性的朗读,不仅能让我们了解学生的预习情况更能增强学生的自信心;合作朗读,能体现学生的合作精神以及将课文整体呈示,给听的学生留下充足的想象空间。)

三、品读课文,领略风情

师:刚才这些同学带着我们到威尼斯走了一趟,看到了一幅幅美丽的画面。好的风景百看不厌,更需要用心去欣赏。请同学们亲自走进威尼斯,边读课文边思考:假如你此时此刻正在游览威尼斯,你最想把哪处景物拍摄下来介绍给大家?

学生读书思考。

师:现在请同学们交流一下你喜欢或是感受深刻的地方。

生:我感受深刻的是那里小艇的独特。

师:请你读出写小艇样子的句子。

师:文中把小艇比作独木舟,写出小艇长、深、窄的特点;比作新月,写出了小艇两头翘的特点;比作水蛇,写出了小艇轻巧灵活的特点。

师:用手在空中画一艘威尼斯的小艇,边画边想为什么你要这样画呢?

师:画得很像,但不知道读得像不像? 你来读。

师:读课文时要想象小艇的独特、轻快、灵活。你再读。

师:现在同学们想一想,为什么作者能把小艇写得这么传神,让我们只看着文字,小艇就活灵活现地展现在我们的面前?

生:因为作者抓住了小艇的特点,把它独特的地方都写出来了。

生:作者在写小艇特点的时候运用了打比方的写法,很生动也具体。

师:所以我们在描写一样事物的时候也要像作者这样抓住事物的特点,并学习运用比喻的修辞方法,把话说得生动具体。

师:谁再来继续交流你感受深刻的地方是什么呢?

生:我感受深刻的地方是船夫的驾驶技术。

师:从文中哪些地方可以看出船夫的驾驶技术特别好? 将你画的句子、词语读一读,谈谈你的理解。

生：在船只很多，速度很快的情况下，船夫能操纵自如。

师："操纵自如"是什么意思？

生：操作起来非常熟练，说明了船夫的驾驶技术很高。

师：还有哪里能体现他的驾驶技术很高？

生：在拥挤的情况下，船夫能左拐右拐地挤过去；在极窄的地方，能平稳地穿过；快速行驶，还能做急转弯；两边的建筑飞一般地往后倒退。

师：船夫的驾驶技术这么好，你能把他的高超技术读出来吗？

学生朗读

师小结：奇特的小艇，驾驶技术特别好的船夫，坐在小艇上或飞速行驶，或荡漾碧波上，将古老威尼斯的风光一览无余，真是情趣无限，让所到之人永远难忘啊！

（设计意图：读是语文课的魂。这样设计就是为了让学生充分走进文本，在读中理解，在读中感悟，在读中积累应用。）

师：威尼斯人生在这里，长在这里，他们的生活一定非常的惬意。让我们再次走进威尼斯，默读课文，体会小艇和威尼斯人生活的关系，画出相关的语句。

学生默读课文，边读书边思考边画出相关的语句。

师：现在请同学们交流一下你读书的体会。

生：威尼斯的商人、小孩、保姆、老人、青年妇女都坐着小艇做自己喜欢做的事情。

师：那还会有什么人坐小艇去做什么事情呢？

生：学生要坐着小艇去上学。

生：邮递员叔叔要坐着小艇去送信。

生：交警叔叔要坐着小艇指挥交通。

生：病人也要坐着小艇去看医生。

师：是啊，小艇和威尼斯人的生活息息相关，人们离不开小艇。白天，威尼斯因小艇变得热闹而富有生气，夜晚的威尼斯又是怎样一番景象呢？请欣赏老师为你们准备的威尼斯的夜晚的风光。

师：请你欣赏完图片后朗读第六段，用你的朗读告诉我们大家威尼斯夜晚是怎样的美。

师：真好，让我们感受到了威尼斯夜晚是那样的安静。

师：作者写的是威尼斯的小艇，可为什么又写夜晚的威尼斯呢？

生：为了突出小艇的重要性。小艇活动的时候，威尼斯就很热闹，小艇停下来，威尼斯就安静了。

师：非常好！到了夜晚，人歇了，船停了，城市进入了梦乡。可当第二天曙光初露的时候，人行了，船动了，城市又开始活跃了，足见小艇在威尼斯人生活中的重要性。多么奇特的异国风光，多么令人难忘的威尼斯的小艇！

（设计意图：人和艇的关系是一个难点，学生不容易将美丽安静的夜晚和艇与人联系在一起。所以通过图片欣赏，白天黑夜对比，可以让学生体会到反衬的作用，从而对小艇在人们生活中的重要性有更为深刻的理解。）

四、回顾课文，引发思考

师：请同学们回顾课文并思考：作者围绕威尼斯的小艇，生动地将威尼斯的独特风情展现在我们面前，在表达方式上给我们什么样的启发？

生：作者告诉我们要仔细地观察生活。

生：描写事物要抓住特点，还要学会用生动的语言进行表达。

师：你们总结得很好，除了观察，抓住事物的特点，还要同周围的景物、风情结合起来。这样，人、景、物互相联系，使得文章充满了生气。

五、拓展延伸，开阔视野

师：同学们，世界上有很多号称"威尼斯"的城市，如"亚洲威尼斯"——曼谷；"北欧威尼斯"——斯德哥尔摩；"东方威尼斯"——苏州。1980年我国江南水乡苏州已和威尼斯结为友好城市。大家可以回去上网搜索这些城市的风光视频进行比较。

师：法国作家乔治·桑的散文《威尼斯之夜》写得非常优美，希望同学们认真阅读，细细品味，精彩的语段还可以积累下来。

六、自主作业，积累展示

1. 如果你喜欢画画，可以把威尼斯的风情画成连环画。

2. 如果你喜欢讲故事，可以把威尼斯的风情加上自己的想象和感受讲给家人和朋友听。

3. 如果你喜欢写作，你可以仿照作者的写法写一写咱们家乡的一处景或物，突出它的特点。

4. 如果你喜欢朗读，你可以配上音乐把课文读得更精彩，甚至背诵下来。

我知道有爱好广泛的同学，会选择多项作业来完成，那你的智慧会越积累越多。

（设计意图:兴趣是最好的老师,这样的作业形式涵盖了更多的与文章有关的内容,而且更能激发学生做作业的兴致。）

【专家点评】

简约灵动
——评汪敏老师阅读课《威尼斯的小艇》

精彩的语文课堂强调师生要通过心灵的对接,意见的沟通,思维的碰撞,实现学生高效学习和自主发展。作为学生引导者的老师应该为学生的思维创造空间,为学生的对话创造一个平台。汪敏老师特别注重尊重学生,把课堂还给学生;以读为本,培养自能读书的学生。

第一,让学生的读书贯穿课堂的始终。在阅读教学中,读书是最基本的语文实践活动,读书不充分的课绝不是好的阅读课。对文本语言的感知、感悟都要通过读来实现。读可以说是理解、内化的前提。在本堂课上,老师给了学生充分的读书和感悟的时间与机会,所有的学生都参与到读书活动中来了。各种方式的读大大地激发了学生读书的兴趣,学生有自由朗读的时间、展示朗读的时间、合作朗读的时间、默读思考的时间以及品读感悟的时间。同时教师还注重了对学生读的指导,使学生真正走进文本。在学习小艇特点部分时,老师不仅让学生画出相关的语句,品读语句,还透过语句让学生画一艘威尼斯的小艇,再想想它轻快灵活、弯如新月的样子,读出其独有的特点以及融入自己的喜爱之情,反复朗读直至背诵。学生的读书活动非常充分,在教师的引导下,学生对文章内容的理解,对景物特点的把握逐步深入,读书的水平逐步提高,收到了较好的读书效果。再加上教师恰到好处的评价语言为学生创设了愉悦的读书氛围。

第二,以生为本,重视语文综合能力的培养。课上汪老师尊重学生的个性阅读,注重学生的自主探究,让学生学会倾听,学会思考,积极表达,乐于积累,学习方法和习惯养成都得到了提升。特别是读与写的有机结合,将文章中蕴含的抓住事物特点,把人的活动同周围景物、风情结合起来的写作方法巧妙地融于学生的自主阅读中,让学生于不知不觉中接受写作方法的熏陶,掌握写作的技巧。

第三,借用媒体,拉近学生与文本的距离。威尼斯,异国他乡的地理风貌,对学生来说是十分遥远和陌生的。这时候需要多媒体呈现该水上城市的奇特风光,让学生有个大体的感性认识。因此教师在教学伊始,让学生通过录像"游览"一下威尼斯的风光,从而激发学生的兴趣。看完录像老师提出"你发现这里与众不同的地方吗?"的问题,让学生一下子就由其独特的地理位置而联想到了这里独特的交通工具——小艇,从而激起了探究的欲望。当老师让学生了解小艇和威尼斯人的关系时,提问:为什么主题是威尼斯的小艇却还要写威尼斯的夜晚呢? 老师再一次用了电教媒体,让月夜威尼斯人歇、艇停、城静的美丽夜色,呈现于学生眼前,加深了小艇与威尼斯人生活息息相关的体验,情感上得到了呼应。课的最后又一次使用多媒体让学生了解了世界上很多被称作"威尼斯"的地方,这些信息更加深了学生对威尼斯独特之处的认识和理解。

这样简约灵动,行如流水的课堂,学生学得愉悦,老师教得轻松。

——海阳市小学语文教研员　张建华

【我的教学主张】

简约课堂三言两语

崔峦教授曾说"简简单单教语文,扎扎实实求发展"。语文课堂应该回归教育本真,追求简约、常态、高效、实用。我的教学主张是朴实简约超越技巧,培养孩子自能读书的能力。

一、研读文本,把课文读厚、把课堂上薄

因为只有走进文本,才能读出发现和感悟,欣赏文本的精妙,触摸文本的灵魂。进而引导学生读细文本,共同完成语文阅读教学的目标。在查阅了大量的资料和欣赏了无数篇名家的文本细读范例,自己慢慢悟到一些文本细读的内涵。一是细读作者。从作者的出身、学识、经历以及重点作文特点,都能让我们了解到文本的背景和背后的故事。这对加深对文本本身的理解有着不可估量的作用;二是解读自我,就是带着情感,按照自己的意愿,以自己独特的体验,涵咏、感悟,解读文本。在解读过程中,不受参考资料的束缚,不把别人的理解作为定论来接受,不盲从专家和权威的高见,而是通过仔细地研读文本,独立思考,读出自己的疑问和心得体会。让作家的心灵世界与自己的心灵世界达到和谐的应和。这样这个文本就全部兑换为我们个人深刻的、丰厚的生命体验;三是细读文本,就是徜徉于语言文字中,不断

地追问：这样写究竟在写什么？为什么会这样写？为什么只能这样写？用意何在？启示何在？在千万次的问中，文本被掰开了、揉碎了，最后被消化、吸收。

当完成了文本细读，面对课堂，面对孩子，自然底气十足，出神入化，在孩子的问题里游刃有余。融合自主、探究、合作的学习策略，尊重学生个体差异，在课堂上让学生自能读书、自我思考、自由表达，在思维与对话的碰撞中达到高效。

二、精心备课，把环节简化、把策略用活

赞可夫认为：不管你花多少力气给学生解释掌握知识的意义，如果教学设计安排得不能激起学生对知识的渴求，那么这些解释仍将落空。这让我想起于永正老师说他拿起一篇课文不读上十遍八遍他不会想如何上这节课；王崧舟老师是被誉为用一生备课的人，一首《长相思》，寥寥几语他用了一个月的时间去备课。我想这不仅仅是一种方法，更是前辈们一种敬业的精神与从业的态度。

要下决心改变烦琐的或面面俱到一问一答地分析课文内容，或离开课文语言挖掘人文内涵的教学，要依据阅读教学的基本规律，突出语言的理解、积累与运用，构建简约、实用的阅读教学。一篇优秀的文章，总有牵一发而动全身的"点"——即文章中的关键性的字、词、句和细节，这便是"文眼"。阅读教学中，抓住了文眼，就抓住了学习文本的钥匙。深入品读文眼，就可以顺藤摸瓜，有深度、有广度、有创见、立体式地解读文本，促使学生思维的触角深入到文本的内涵。课堂上让学生读一读、想一想、品一品、说一说、写一写，把课堂真正地还给学生。

简约的教学设计，为朴实的课堂奠定了根基，注入了无限的张力。正如琵琶大师刘德海所言："脑袋是教师的，手是学生的，声音还会自然吗？"同样，自由简单轻松的课堂才会激起学生智慧的波澜，要允许学生用自己的眼睛观察，用自己的脑袋思考，用自己的嘴巴表达，用自己的手来写。让学生身处有限的空间，心灵却能高远地飞翔。

【同事眼中的我】花各有韵绽风采

"文似看山不喜平"，这个道理对于在课堂中授课的教师来说，具有一定的挑战性。对课堂的驾驭体现着教师的智慧与内涵，需要教师具有更高的专业素质和深厚的职业修养。对于汪老师我很熟悉，但每一次听她的课都会让我惊奇，总会让我有新的发现，受到新的启示，感觉仿佛欣赏了各具神韵的花卉,演绎着精彩的绽放瞬间。她的课有时就像在寒风中绽放的梅花,看似冷清,却总能引出山花烂漫;对学生的尊重就像暖流自然滋润心田,如百合之清香悠远;简约灵动,主旨鲜明,如玫瑰灿烂而专一。

这些精彩的瞬间,总会让我久久回味。一个教师,要有深厚的专业知识作根,要有从容的职业修养为干,还要有丰富的个人魅力绽放出迷人的花朵,才能使课"不喜平",才能真正把清香沁入每个孩子的心田,让他们既收获了知识,又愉悦了心性。汪老师的课堂就如花各有韵自绽放!

——海阳市语文骨干教师、《海阳教研》特约编辑　姜俊丽

【学生眼中的我】我喜欢的故事老师

特别喜欢上汪老师的语文课,为什么呢? 因为她很会讲故事,每节课都会给我们讲故事。有成语故事、神话故事、童话故事、名人故事等。更神奇的是,汪老师知道我们所有看过的动画片。加菲、乌迪、奥斯顾、熊大、精灵鼠、哆啦A梦……好多都是我没有看过的。我们还经常一起改编动画片,可有意思了。我现在上五年级了,我也会讲好多的故事了,经常把好的故事书推荐给同学们。汪老师还让我们在早读的时间去给低年级的小朋友们轮换讲故事,我们背后都亲切地叫汪老师为"故事老师",她肚子里的故事好像讲也讲不完。

——五年级　王怡菲

2. 育才小学修洁:数学教学,思想生长于教育实践的沃土

【我的教学风格解读】

风格是指一个人或事物在内容和外貌方面所具有并反映出来的与众不同的特征;是一个艺术家创造个性成熟的标志,也是一部作品达到较高艺术水准的标志;它包括艺术家个人的风格,也包括流派风格、时代风格、民族风格等。

教学风格是指教师在长期的教学实践中逐步形成的、适合自己个性特征的教学观点、教学方法和教学技巧的独特结合与表现,是教学工作个性化的稳定状态的标志。

教师的教学风格是教师的个性特征在教学法上的全面反映,它因教师的学识、修养、兴趣、特长等的不同而各异。

教师应当有自己的教育思想。十五年的教学生涯中,我努力打造理性敏锐的灵动课堂、思维碰撞的智慧课堂,逐渐形成了灵动、智慧、理性的教学

风格。

数学教学是灵动的。灵动的数学显现着灵气,灵动的数学教学应是不拘泥于固有的模式,善于变通,是一种形变质通的美。形变质通不仅是一种数学思想、教学方法,它更是附着在显性数学知识之中的隐性认知策略和学科文化。数学是一个动态的、充满生机的生命体,尽管它的形式是变化多样的,但富有变化的形中却蕴含了相通的质。

数学教学是智慧的。智慧的数学课堂是原生态的,不刻意包装的,是用数学的方式体现数学的价值。智慧的生长与开发,需要在教学中营造温馨、和谐的人文环境,对学生倾注更多的人文关怀,多一些赏识与鼓励、多一些尊重与期待,激发兴趣,激活思维,让学生敢想、敢问、敢辨,让他们在实践探索中、在亲力亲为中、在与人对话中,慢慢充实、丰满、成熟。只有心智的丰满才可能有学生智慧火花的迸发和燃烧。

数学教学是理性的。数学与哲学紧密联系,数学的内容充满了相互联系、运动变化、对立统一、量变到质变的辩证的基本规律。优秀的数学教师应该是目光深邃、思维睿智的,能看到别人看不到的地方,能弄清别人弄不清的问题。

2009年我从乡镇初中调入了市直小学,依然执教我挚爱的数学,但学段的差异令我不得不重新审视自己的课堂。闲暇时刻的我喜欢拎着板凳"偷听"同伴们的课;喜欢在网络上、书籍中观摩名师的课例;喜欢收集优秀的教学案例、教学片段,还喜欢一本一本地记录自己的观摩心得。我喜欢吴正宪老师的教学观:教学艺术源于情,情是艺术之本——尊重每个学生,让每个学生喜欢教师、喜欢数学课。我喜欢华应龙老师用他精湛的教学艺术和健全的人格魅力促使课堂教学中的诸多因素处于一种和谐的关系和状态,并由此带来了课堂教学的活力——师生全面、和谐、可持续地发展。我还喜欢徐斌老师的"葆有童心,激趣引思,互动生成"——把学生带进数学乐园,努力做学生的好朋友,追求真实有效的课堂。

对名师的教学风格,我只能赏析,只能借鉴,渐渐地我对教学风格开始有了自己的思考,要根据自己的性格、心理特点,打造自己的教学风格。从几个有教育哲学的问题开始寻求根源:究竟什么是教育? 数学教育的本义是什么? 数学教育的功能、价值归于何方? 无意间读到叶澜教授的一段话:"教育是直面人的生命、通过人的生命、为了人的生命质量的提高而进行的社会活动,是以人为本的社会中最体现生命关怀的一种事业。"我似乎明白了许多。

【我的教学风格形成之路】

我开始回头审视自己课堂的教学现状,研究自己讲课的录像和音频,每一次看自己的录像,总是问自己:"这就是我吗?如此不堪?",每一次观看都是对自己自信心的一次打击,可是为了自我成长,还得硬着头皮上。就在一点一点地剖析中,问题一一浮现出来。

其一,我发现初中十年的教学生活固化了我的思维,我一味追求高质量的学习成绩。我把主要精力放在让学生明白某一个知识点上,课堂上我做得最多的就是围绕这些知识点不断变换题型,进行大量反复训练,以这样的方式让学生掌握数学知识,没有了"源"和"流",数学的系统性、整体性和生命性缺失,活生生的数学便变成了死板的数学。

鉴于此,我不断地翻阅相关数学读物,聆听同行教师讲课,逐渐地我领悟到,数学教学过程中,对知识的传授一定要两线并行:第一条是知识线,它指的是数学知识的本身,教师一定要弄清楚知识的内涵和外延,弄清楚知识的前因后果;另一条是认知线,它指的是学生的认知活动,在学生对知识的内化与外显的交替过程中体现出来。这样两线并行,既可以关注到知识的前后联系,教学要求以及作为学科形态的数学知识与儿童学习数学的心理特点,以此来保证知识结构和认知结构的和谐一致。

其二,课堂上我采用最多的就是传统的"讲练结合"的教学方式,在一定程度上虽然提高了授课效率,但是它恰恰省略了学生在学习过程中对错误的体验、对探索的体验以及对自主探索中获得的成功体验。同时,学习过程本身所含有的策略知识、隐性知识的培养与发展也一同被省略了。这样直接导致了课堂只是教案的机械复现,缺少了个性化的表现,这样的课堂只属于我,并不属于学生。

当我意识到问题所在,我开始尝试着放手,两个班的数学课,原本是工作负担,现在看来却是最佳的练兵场。在第一个班讲授新知用 15 分钟,在第二个班我命令自己缩短 5 分钟,每在两节的课间,我努力回想着第一节课耗时在哪里?哪里可以精讲?哪里可以不讲?哪里可以让学生讲?正因为思考着一个又一个问题,使得我对数学课堂如何做到精讲多练渐渐明朗。

当课堂上我把时间一点点退还给学生之后,我发现,课堂的生成远比我心中预设的要多,于是,我慢慢地开始重视对课堂动态生成资源的把握,我知道,只有摒弃呆板的教学框架结构,心中装有知识、装有学生、装有所有资源才可以在课堂上游刃有余。内心中有一个声音在呐喊——教学一定要有追求，我要追求自然灵动的课堂，追求智慧的课堂。

所谓的追求，无非就是实践—研究—再实践—再研究，在无数个轮回中让自己的教学思想在实践中不断升华。2011年在市教研室骆本强老师的指导下，我校开始进行"导学作业支撑下的小组合作学习"课堂模式的研究，我有幸成为实验教师之一。面对现实问题：课堂时间资源不够、个性差异的矛盾、学生课业负担过重等问题，从孩子的需要出发，从客观事实出发，我们将探究活动放在课前，保障不同发展速度的孩子都有足够的探究时间，保障孩子们有独立思考的时间，让孩子们自主体验成了我们研究的目标。这样的课堂模式，对教师提出了非常高的要求：其一，课前导学作业的设计一定要保障能够启迪学生的思考，一定要让学生兴趣盎然地去做；其二，课中小组的学习活动一定要控制有序，让学生人人有活干，人人有话说；其三，课堂自主练习一定要全面，各种层面的知识练习，各个层面的学情均要照顾到。有了问题，有了计划，我们开始逐步实施，可以算得上"行动研究"吧！我和几位实验教师从两个班中选定一个班级作为实验班，利用两套不同的教学方案去开展研究，半年后我们的实验成功了，实验班的学生无论从质量检测、自主学习能力、课堂表达能力等都优于其他班级。

如果说课题研究启迪了我的思维，那么课堂模式的进一步构建助我形成了自己的教学风格。当意识到"导学作业"的价值所在，我们决定坚持走下去，将研究做透做精。我们开始研究每一环节的目标定位是什么？每一环节的用时是多少？每一环节教师和学生的具体任务是什么？每一环节应采用什么样的方式去评价……最终我们形成了一系列的研究成果。也就是在这不断的思考中，我渐渐发现，我对自己的课堂有了要求，我的课堂也有了变化，我认为：

首先，课堂要有灵动——构建参与的场。即强调并坚持给予学生主体地位，充分给予学生自主学习的时间，问题由学生提出来解决，尊重学生的独特理解与感悟等。针对不同特点的学生，要适当采取有效的手段唤起学生的学习主体角色意识（即确认角色），使其积极地成为学习的主人，不再只是一味被动地等待和依赖他人的帮扶，而是自主地尝试对数学问题的探究。

其次，课堂要有智慧——构建思维的场。教师应该尊重学生的个性差异，只有倡导"自主、探究、合作"的生命化学习方式，学生才能在数学活动中逐步形成自己对数学知识的理解和有效的学习策略，这样每个学生才能够得到充分的发展。教师不要过多地就思考方向、学习方式做硬性的规定,以保证学生的思维广度和发现问题的灵活性。还要让学生自觉去分析发现的问题,将整节课的中心内容转化为学生在自主发现基础上的学习活动。

第三,课堂要有理性——构建活动的场。即创设一个个多样化特定的教学情境,让学生身在其中,通过多方面的时间活动,自主探究、自行体验和自我感悟。让数学学习过程成为学习主体主动"做数学"的过程,在"做"中学,在"做"中体验与感悟,逐步形成数学活动经验,积淀数学思想方法。

【我的教学实录】

《走进天文馆——年、月、日》

教学内容:

青岛版五年制小学数学三年级下册第二单元信息窗1(第23页)

教材分析:

青岛版教材将时间的认识分为两个部分来完成,本单元是在学生认识了钟表,知道了时、分、秒以及其三者之间关系的基础上进行学习的。"日"的认识既是"年、月"认识的基础,同时,也将为认识"年、月"起到积极的促进作用。

学情分析:

"年、月、日"在人们实际生活中有着较高的使用频率,特别是"日"的相关知识与学生诸如学习、观看电视节目、休息等日常活动息息相关,因而,学生在实际生活中对本部分知识已经有了一定的认识,再加上前面对"时、分、秒"的知识进行了系统的学习。因此,学生在进行本课时学习时,相对较为容易。本节教学过程中,关键是让学生体会到"二十四时计时法"的由来,即"二十四时计时法"的存在价值。

教学目标:

1. 结合现实情景体会"二十四时计时法";

2. 会用"二十四时计时法"表示时刻;

3. 能结合具体情景进行简单的时间计算;

4. 通过让学生自主探索、动手操作、小组合作等形式,培养学生的合作精神和创新意识。

教学要点分析:

教学重点：1. 会用"二十四时计时法"表示时刻；

　　　　　2. 能进行简单的时间计算。

教学难点：学生自主探索合理的方式表示相关时刻

教学准备：

钟面一个、中央电视台少儿频道节目单、汽车、火车、飞机运行时刻表

教学过程设计：

活动一：引入新课

师：今天，修老师想调查一下同学们日常的起居情况，请各位同学介绍一下你们平时一般情况下都是几点起床？几点睡觉？

（学生交流，教师选取其中之一进行板书）

师：刚才这位同学介绍了他的情况：＊＊时起床，＊＊时睡觉。我们进行数学研究时，其中的一个特点是语言的简练性，这位同学的交流也的确具备了这个特点。不过我们还要注重它的另一个重要特点——语言的准确性，我怎么感觉这个同学的说法好像有些不太合适呢？

（学生交流想法）

师：是啊，比如有的同学只说 6 时起床，7 时睡觉，会让人感觉到 6 时刚起床，再过一个小时，到了 7 时就接着睡觉了，看来这种说法虽然简练但也的确不够准确。你们看怎么说能做到既准确又简练？

（学生交流说法，可能会出现两种情况，一是在时间前面加上"早晨"或者"晚上"；二是起床的时间不变，用二十四时计时法表示睡觉的时刻）

设计意图：从学生身边事——作息情况引入，在学生交流的基础上共同体会、感悟、辨析、探究，让学生充分体会到二十四时计时法的必要性，将学生自然引入对新知的探究之中，给人以润物无声、水到渠成之感。

活动二：学习二十四时计时法

1. 小组合作

师：在时刻的前面加上早晨或晚上的字眼让人一看就明白了，不容易产生误解。刚才，还有的同学提到说晚上 7 时还可以说成 19 时，明明是 7 时，为什么要说成 19 时呢？这到底是怎么回事呢？请同学们以小组为单位一起研究一下这个问题。

（学生小组商讨，教师巡视，注意研究方法的指导）

2. 集体交流

师：通过一番研究，有的小组已经弄明白了为什么要用 19 时来表示，咱请他们来介绍一下研究成果。

（教师提供钟面学具，小组代表利用学具进行介绍）

3. 集体归结

师：通过刚才的交流我们明白了：一天一共 24 小时，晚上 12 时也是新一天的开始，所以又叫零时，依次是 1—12 时，下午的 1 时就可以用 13 时来表示，下午的 2 时就可以用 14 时来表示，依次下去，晚上的 12 时就还可以用 24 时来表示。这样一天 24 小时，就可以用 1—24 这 24 个时刻进行表示了，这种表示时刻的方法，就叫作二十四时计时法。

设计意图：面对新的问题——如何准确、简明表述时刻？放手给学生，让学生充分调动已有的知识经验和生活经验，让学生在合作交流的过程中共同探究，充分体现以学生为主体的思想，让学生合作探究的过程中，培养合作意识和创新精神。

活动三：二十四时计时法练习

1. 拨钟练习

利用学具拨出一个时刻，用二十四时计时进行表示，并且说一说这个时刻你正在做什么。

（学生边拨时刻边交流）

2. 联系实际

师：现在请同学们回顾一下在实际生活中哪些地方见到过这种表示时刻的方法？

（学生交流，教师出示电视节目单、交通工具运行时刻表）

师：观察这张节目单的内容，你最喜欢看哪个栏目？它是什么时间播出的呢？

（学生交流自己喜欢的节目及播出时间）

师：通过这张交通工具运行时刻表，你又知道了什么？

（学生交流乘坐各种交通工具几点出发、几点到达）

设计意图：充分利用学生身边素材——电视节目单、交通工具时刻表，一方面让学生对二十四时计时法进行了有效巩固，另一方面，让学生充分感受到数学与生活的紧密联系。

活动四：简单的时间计算

师：刚才有的同学介绍了他每天6点起床，19点睡觉，那请同学们计算一下他一天的睡眠时间是多长？

（学生自主解决）

师：看来同学们都知道了他一天的睡眠时间是多长了，现在就请同学们介绍一下，在介绍的过程中要注意不但要说出结果，更重要的是把你是怎么解决的过程讲清楚。

（学生交流）

师：看来要进行时间的计算我们要根据具体情况，可以采取画一画、数一数、算一算等不同的方法进行解决。

在解决这个问题的同时，修老师提醒同学们，资料研究表明像咱们同学这个年龄，专家建议每天的睡眠时间不能少于10个小时，同学们可以计算一下自己的睡眠时间，进行适当的调整，保证每天有充足的睡眠时间，这样才有利于我们健康成长！

师：这是从烟台到北京乘坐三种不同的交通工具：火车、客车、飞机的运行时刻表，请你利用这节课学到的知识算一下，乘坐不同的工具所需要的时间各是多少？

（学生练习）

设计意图：充分发挥学生潜能，让学生用自己的思路和方法进行解决，既尊重了学生的个体差异，又在集体交流的过程展示了不同的方法，达到了资源共享，让学生学会用不同的方法解决问题。

活动五：全课总结

师：这节课我们主要研究了"日"的有关知识，今后我们还将继续研究时间的有关内容。

【我的教学主张】

罗丹说："在艺术中有风格的作品，才是美的。"其实在教学中有风格的课堂也是美的，那是教师富有独创性的较长时期劳动的结果，凝聚着教师独具的匠心。每一位数学教师都希望自己在长期教学实践中能逐步形成一贯的教学观点、教学技巧和教学作风，那就是我追求的灵动、智慧、理性的教学风格。

一、丰富学习方式，让课堂灵动起来

《数学课程标准》指出："动手实践、自主探索与合作交流是学生学习数学的重要方式"，"学生的数学学习活动应当是一个生动活泼的、主动的和富有个性的过程。"我们要打破传统的教学模式,丰富学生的学习方式,开展合作交流,注重实践操作,关注学生的情感,使课堂灵动起来,促进学生全面、持续、和谐的发展。

1. 合作交流,放飞学生的思维

在数学学习活动中,学生各自的思维方式,智力活动水平是不一样的。因此,数学学习的过程必须让学生尽可能地经历合作与交流,感受不同的思维方式和思维过程,通过互动体验知识的形成过程,掌握数学思想和方法。例如,在一年级上册教学认识物体时,让学生在小组里合作搭积木,然后把积木块分类,交流分类情况,再把不同形状的积木块摸一摸、滚一滚、堆一堆,使学生在合作交流中不仅认识了长方体、正方体、圆柱和球,也感受了不同物体的特征。

2. 动手操作,挖掘学生的潜能

著名心理学家皮亚杰说:"儿童的思维是从动作开始的,切断动作与思维的联系,思维就不能得到发展。"学生学习数学的重要途径和方法之一是动手操作,用外显的动作来驱动内在的思维活动。在教学中,我很注重让学生动手操作,让学生在实践中感知,充分发挥他们的潜能。在教学一年级下册"拼组图形"时,我让学生自己当设计师,动手用纸剪一些长方形、正方形、三角形和圆形,然后发挥自己的想象力,用这些"图形"作材料,设计出自己喜欢的图案。学生的积极性很高,非常认真地又剪又拼,最后拼成了各种不同的图案,如房子、机器人、孔雀、火箭等。在这过程中,学生既获得了知识,又培养了能力。

3. 联系实际,启迪学生的智慧

学生是学习的主体,如果能把数学学习活动建立在学生已有的经验的基础上,注意联系学生的实际生活,结合学生周围熟悉的事物,学生就会感到亲切、自信,从而产生认知冲动,积极参与学习。如在教学《位置》这节课中,当我要求学生用"第几组第几个"确定自己在教室里的位置时,学生的积极性很高,都能够通过现场观察,发现确定位置的方法和规律,然后应用新知说出自己的前、后、左、右四位同学的位置。接着我出示了一张电影院座位排列的平面图,给每一个学习小组发一张电影票,让他们发挥群体的作用,通过小组合作去观察、争论,找到自己的座位。学生兴趣盎然,不断喷发出智慧的火花,课堂充满生机与活力。

二、有效把握课堂生成，让课堂智慧起来

上海著名教育家于漪曾说，课程标准和教科书如出己之口，如出己之心，达到"胸中有书"，课堂上才能从容自如，游刃有余。凡成功的教育家，也正是由于课程文化的独特创造，才形成了其独特的教育思想和教育智慧。

1．立足问题，注重创新

问题意识是思维的动力，是创新的基石。然而我国学生的问题意识比较薄弱，究其原因是从小学开始，学生每天都是习惯以问号进课堂，以句号出课堂，结果，孩子们入学时像个问号，毕业时却像个句号。问号变成句号，问题意识没了，好奇心没了，创造力也就被扼杀了。于是在每一节课结束时，我总是抛出两个问题"你有什么收获？"，"你还能想到什么相关问题？"，以问促思。教学《确定位置》一课，当学生提出"神州六号"飞船在太空遨游和返回地面预定地点的场景，该如何确定地球上的位置呢？一石激起千层浪，学生的思维在"问题处"熠熠生辉，许多同学课后查找了相关资料。这样既有效地培养了学生的问题意识和自主探究的意识，又为次日的数学课进一步探究——用"数对"确定位置留下了引子。

2．立足探究，注重交流

数学新课程标准倡导的学习方式是自主探索、合作交流与动手实践。由于合作交流、动手实践也是为了探究，所以"探究是教学的生命线"。在课堂教学中，可根据实际给学生留出足够的探索空间，并尽可能多地为学生提供合作交流的机会，让学生在探索中发现，在交流中提高。如教学《梯形面积的计算》一课，学生受三角形面积探究的负迁移，自然地想到利用两个完全一样的梯形拼成平行四边形来探究面积，大部分学生对"只利用一个梯形能否探究出面积的求法？"缺少思考，课堂上当一位学生提出这一问题时，学生探究欲再次被点燃，小组合作取得了结果，这充分体现了探究的价值、交流的价值。

3．立足开放，注重生成

教学过程是一个动态生成的过程，有着一些我们无法预见的因素。如果教师怕"节外生枝"，总是期望并牵引学生按自己的预设做出回答，那实际上，学生只是扮演了配合教师完成教案的角色，让"死"的教案支配和限制了"活"的学生，遏制了学生在课堂上的思维和生命的活力，只会使课堂变得机械、刻板与程式化。要想使课堂充分闪现灵动与智慧的魅力，教师就要立足开放，注重生成，让学生的思维呈"辐射状"向外拓展。例如《找规律》中对问

题"老师比今年属狗的同学大 17 岁,你知道老师的属相是什么吗?"学生分对在环状属相图中,该如何数? 顺时针? 还是逆时针? 争论不休。面对这一生成,我再次放手小组交流,在思辨中学生彻底明白了:因为老师比属狗的大,是先出生的,所以应该按逆时针方向数。学生的思想与探究问题的本身不断碰撞,学生的学习需求、认识和体验不断加深。在这种动态生成的课堂中,师生都能体验到生命活力的涌动和灵性智慧的发展。

三、凝练理性的数学思维,让课堂厚重起来

现在的数学课堂都追求与生活紧密联系,但是,数学味却丢失了,数学思想和精神失去了生长点。为此,我们不禁要反思,数学课堂在创设生活化的情景背后,知识和能力的根源在何处? 在知识授予的过程中,思维的支点在何处? 在方法提炼的技巧背后,思想与方法的引领又在何处? 我们只有关注到这些问题,才能准确地把握数学本质,才能促使教学走向有效。我认为,我们的数学课堂除了需要知识的丰厚、技能的纯熟外,更需要数学思想方法的领悟,这才是数学课堂的本质。

1. 在教学预设中合理确定

渗透数学思想方法,教师在进行教学预设时应抓住数学知识与思想方法的有效结合点,在教学目标中体现每个数学知识所渗透的数学思想方法。如在概念教学中,概念的引入可以渗透多例比较的方法,概念的形成可以渗透抽象概括的方法,概念的贯通可以渗透分类的方法。在解决问题的教学中,通过揭示条件与问题的联系,渗透数学解题中常用的化归、数学模型、数形结合等思想。例如我将"运算定律、性质"整合在一起学习,就是要突出"归纳类比、数形结合"的思想方法,发展学生的直觉思维,促进学生的学习迁移,实现对"运算定律、性质"的完整认识。

2. 在知识形成中充分体验

数学思想方法蕴含在数学知识之中,尤其蕴含于数学知识的形成过程中。在学习每一个数学知识时,尽可能提炼出蕴含其中的数学思想方法,即在数学知识产生形成过程中,让学生充分体验。如我在教学《角的知识》时,先让学生在媒体上观察"巨大的激光器发送了两束激光线",然后由学生确定一点引出两条射线画角,感知角的"静止性"定义以及角的大小与所画边的长短无关的观点。再让学生用"两条纸片和图钉"等工具进行"造角"活动,不经意间学生发现角可以旋转,并且随着两条纸片叉开的大小角又可以随意地变化。这样"角"便定义为"一条射线绕着它的端点旋转而成的",这就是角的"运动性"定义，体现着运动和变化的数学思想。学生在"画角、造角"活动中经历了"角"的产生、形成和发展，从中感悟的数学思想是充分与深刻的。

3. 在问题解决中精心挖掘

在数学教学中，解题是最基本的活动形式。任何一个问题，从提出直到解决，需要具体的数学知识，但更多的是依靠数学思想方法。因此，在数学问题的探究发现过程中，要精心挖掘数学的思想方法。例如教学"植树问题"时，首先呈现：在一条100米长的路的一侧，如果两端都栽树，每2米栽一棵，能栽几棵？面对这一挑战性的问题，学生纷纷猜测，有的说栽50棵，有的说栽51棵。到底有几棵？我们能否从"栽2、3棵……"出发，先来找一找其中的规律呢？启发学生通过动手摆一摆、画一画、议一议，发现了在两端都栽时棵数和间隔数之间的数量关系（棵数＝间隔数＋1），顺利地解决了上述问题。然后又将问题改为"只栽一端、两端不栽时分别栽几棵"，学生运用同样的方法兴趣盎然地找到了答案。以上问题解决过程给学生传达这样一种策略：当遇到复杂问题时，不妨退到简单问题，然后从简单问题的研究中找到规律，最终来解决复杂问题。通过这样的解题活动，渗透了探索归纳、数学建模的思想方法，使学生感受到思想方法在问题解决中的重要作用。

总之，数学课堂应该是转"知"成"识"的课堂，更是转"识"成"智"的课堂；数学课堂应该是充盈生命活力、洋溢生活气息、呈现灵动色彩、促进智慧生成的课堂。这样的数学课堂的魅力才是无穷的。让我们与孩子们一起努力、一起体验、一起感受灵动与智慧的数学课堂的魅力吧！

【我在师生眼中】

修洁老师是一位热爱数学教育、有责任心的数学领导。与她交流，可以发现她特别善于思考，总是喜欢求根寻底。每次听修老师的课，对我都有所触动。我能感受到她的课堂不单纯是知识传授的课堂，而是致力于数学思维方法的课堂。课堂上她对学生那种亲切感是发自内心的，学生课堂上的表现是油然而生的，用"富有活力"四个字来形容不为过。——高文军（副校长）

喜欢修老师的乐观与激情，在她的眼里一切都是美好的，都是阳光的。两个班的数学教学，她不嫌累，总说是练兵场。看到我教过的学生在修老师课堂上不断发生着变化，他们甚至能领略修老师的一个眼神、一个动作，我知道那是师生间的心灵相通。——张华（教研组长）

经常和修老师一起研课，每次她总结时，大家总能感受到那种理念与实践结合的点，这都是善于思考的修老师给我们的启示。修老师谈课时，都会抓数学思想方法，抓数学知识的内涵，这体现出一个初中教师的数学素养，她值得我学习的地方还有很多。——荆福娟（教研组长）

修老师是我三年级和四年级的数学老师，也是我的班主任，我们班学生可喜欢上数学课了。我特别喜欢上课回答问题，因为修老师总是给我们很多思考的时间，给我们交流的机会，给我们展示的机会。我们小组每个月都是明星小组，因为我们课堂上合作积极主动，回答问题想法独特。——杨奕（学生）

每次看到画有笑脸的数学作业我都很高兴，我知道那是修老师对我的鼓励，我喜欢听老师喊我"美女"，说明老师喜欢我。做数学作业时我很用心，因为我知道每一份作业都是修老师精心设计的。我最喜欢做实践活动类的数学作业，虽然做起来需要查阅很多资料，特别麻烦，可是我渴望听到修老师夸我博学多才。——李博文（学生）

每天都很期待数学课，因为我喜欢数学、也喜欢修老师。每节课修老师都会给我们传授她的锦囊妙计，比如"马小跳跳方格"，"班长和小朋友握手言和"，"教室里发生了鬼故事"等等，虽然我们知道那是修老师随口编的，不过这样的方法很实用，我的错题一天天减少了，妈妈夸我进步了。——孙家正（学生）

小　结

教师发展不仅只有专业的发展，还应有精神的成长。当下，满足教师的精神需要应成为学校管理的第一要义，教师不仅只是教育改革的对象，还应当是教育变革的利益主体，教师应当有享受职业尊严与快乐的权利，教师发展不仅需要外力，更需要激发绵绵不断的"内驱力"，只有教师愿意，教育改革才能发生。

第四章　学校联盟的教研实践

"原来感觉教育研究就是不断从枯燥的学术论著中寻找依据,现在感觉教育研究就是对活生生的事实进行描述及对事实的理解。看来,理论并不是在书中,而就在我们的生活中,我们天天跟它们打交道,跟它们对话,可是我们还不认识它……"

当我们真正走进理论中,却发现这些理论对于我们是那么陌生而与熟悉。陌生,是因为我们很少关注它,熟悉是因为它就在我们的实践中。

学校联盟教研跟学习理论、组织理论有着紧密的联系,跟校本教研实践也有着很多共性之处。所以,在探索学校联盟教研实践时,有必要厘清与之相关的理论基础,这样,有利于我们准确把握实践研究的实质和方向,也有利于我们运用科学的研究方法和实践方法改进我们的教研活动。

一、学校联盟教研的基本特征

学校联盟作为一种高度自主、自由、自治的民间草根式的组织,其开展的教学研究工作更应该具有理性的发展规律和普适性的操作模式,我们在实践中不断理清学校联盟教研的内涵及特征,以便创生更具有生命活力的学校联盟组织。

(一)学校联盟教研的含义

学校联盟教研,是指几所有着共同发展目标的学校,在相互协商形成的规则的规范和分工下,采取适宜的活动方式相互协作,运用优势资源共同构建知识,解决共同面临的教学问题。

在教师的教学生活中,教师总是一种各自为战的状态,是孤独的和隔离的,由于缺乏互动和分享,教师专业发展中弥漫着无力感和疏离感,尤其是在日新月异的信息社会的今天,教育变革使得以往的经验越来越捉襟见肘,与他人的联系就成为必需。学校联盟教研的出现,为教师专业发展创设了对话平台,提供了学习资源,促进了教师之间的分享,让教师在良性生态环境中汲取专业发展的营养。在研究和实践中,我们从生态学的研究视角,聚焦于"学校联盟"这样一种文化生态教研环境的构建上,打破教师教研孤立无援的状态,将个体教研与群体教研、教研目标与教研内容、教研情境、教研过程等加以统整,形成一种新的文化生态系统。这个系统里,育人是组织目标,求知是基本生活方式,平等自愿合作对话是基本原则。从宽泛意义上来说,这也是一种教师文化。

（二）学校联盟教研的特征

学校联盟教研具有自组织、学习型组织等特征,也有教师校本教研、专业自主发展等方面的特征,我们加以整合和提炼,从中概括出学校联盟教研的四个特征:

1. 群体性的学习

人类学、社会学的有关研究发现,无论是生产实践,还是日常生活,包括家庭生活和各种业余爱好等,人们更多的是以一种群体的方式进行的。群体中的实践活动"不仅产生了产品,而且还生产了作为生产者的存在"。桑德尔(Sandel,1982)和麦金太尔(MacInivre,1984)也认为,"社群的互动才能导致共享意义的交流。没有这种交流,个人就会被切断与供其参与和交流的社群的联系,唯有这种社群才能促进个体的真正发展"。

目前在教育领域个人孤立的、相互隔离的教师文化是普遍存在的。这是因为我国传统的文化取向以及长期以来形成的社会文化心理对教师及教师之间的相互关系都有着深刻的影响。比如,传统文化中倡导个人的内敛和自修的内在修为方式,容易造成个人的自我封闭,而难以以开放的心态向外界和他人进行学习。传统文化中的消极方面,如"文人相轻"等观念,也会影响到教师之间的相互关系和交往方式。还有,人们在社会生产活动和人际交往中存在的相互提防、难以信任他人等不良心态也会影响教师之间的沟通与合作。但是,从教育活动以及教师职业的社会属性来看,我们认为教师个体不可避免地具有群体属性,教师显然是无法独立于他人或文化情境之外的。教师有必要通过与学校教师群体成员的沟通、互动与合作,从而理清和建构自己的教学看法与教学观念,同时在他人的协助下,促进自己的专业成长。

学校联盟教研能够通过构建良好的"群体"（或者说共同体），为教师个体发展提供有益的发展平台。学校联盟里的每一个成员都是"专家"，他们以"专家"的身份参加教研活动，通过对话协商、建设性的讨论、提问和批判质疑来形成知识的意义。当联盟成员相互分享各自的专长时，在学校联盟中就会形成共同的智慧和共同的声音，从而解决单凭一己之力所无法解决的问题，个人知识与专长也得以增长，学习就是在这种个体与个体、个体与学校联盟的持续互动中不断演进。

2. 聚合性的文化

教研是一种行为，一种文化，更是教师的一种生命状态。既是如此，教研就应该充满生命的跃动和激情，教师就应该"去自我更新，去成长，去不断地生成，去爱，去超越孤独的内心自我之牢笼，去关心、去倾听、去给予"。在这个过程中，一个人必须全力以赴地去了解对方及其思想，但又不恪守任何陈规，不断地产生出新的思想，只有这样，才能获得一个人应有的生存方式——一种主体性的生存。

学校联盟的成员来自不同学校，他们有各自成型的教育理念、方法和价值观等，如何让这样一个多元文化的教师群体尽快融合不同文化群体的教育理念和方法，这就需要聚合组织文化。学校联盟教研的出现，顺应了这种生存方式，使教师能够在一种相互信任、相互尊重、民主平等的文化环境中学习，获得主体性的存在感。

学校联盟作为一个组织，虽然不具有一所学校那样具体的场所，但在进行教研活动时，学校联盟就具有了特别指定的活动场所，聚集在一起进行教研的联盟成员，就是这个场所里活动的主体。所以，学校联盟也就具有自己独特的文化场域，集中活动时这种文化精神得到凝聚，分散活动时这种特定的文化精神就弥散在各个学校。

3. 生态性的环境

环境对于人的学习和成长的重要作用不言而喻，我国古代就有"孟母三择其邻"的故事，荀子也在其《劝学》篇中论证了环境对人的发展的影响："蓬生麻中，不扶而直；白沙在涅，与之俱黑"，"故君子居必择乡，游必就士，所以防邪辟而近中正也。"

从现代生物学研究的进展中可以得知，生物愈是进化，它就愈是自主，也就越需要从它周围充满生机的生态环境中汲取能量、信息、组织，因而，它也更加依赖于其生态环境。人与环境之间也因此构成了一种既相互钳制，又相互依赖,且唇亡齿寒、共生共存的关系。从生态学的角度来看环境,就会意识到,环境是一个生态系统,是一个自我组织的(自发)有生命的整体;个人的独立是有依附性的,人不是像一个孤岛一样独立存在,而是与环境融为一体。

莫兰将上述认识引申到人类的社会生活中,认为社会环境也是一个生态系统。例如,城市就是一个生态环境,其中各种组织和经济、政治、社会、文化的机构,各种人为的事物、机器和各种各样的产品,各种社会群体和个人在这一环境中关系错综复杂,相互交叉,相互影响,历史地形成了一个统一的社会生态系统。将这一认识推广到教师的教学研究,学校联盟就是一个由各种角色、活动、目标、关系、交往、工具、情境等因素组成的生态系统,在这个系统中,教师个体自由成长。学校联盟作为一个生态系统,与其他生命系统一样,其成长过程是一个自组织、自生成的过程。当校本中的学校组织和教学研究意识到自身的问题和局限并尝试突破时,学校联盟教研就开始了孕育萌芽。但因为学校联盟成员都有着各自学校的文化背景,所以不能期盼他们会自动转向去构建、生成一种新的教研环境,也无法想象他们一开始就通过系统外部的力量强制推行这样一种更为民主、平等的教研环境。我们需要做的就是从生态文化入手,通过系统内与外、现在与未来之间的张力促进学校联盟教研的自主生成,也促使学校联盟教研能够始终保持鲜活的生命力和持续的成长力。

4. 超越性的合作

联盟学校教师的教研活动是基于合作而又超越合作的,维系的核心是教师的合作文化。教师的合作,是教师为了改善学校教育实践,以自愿、平等的方式,就共同感兴趣的问题,共同探讨解决的办法,从而形成的一种批判性互动关系。超越是指学校联盟成员不应满足于目前已获得的个人专长及很容易就能获取的资源,而是应该在反思的基础上,努力去超越学校联盟内已有的知识与技能。

教师合作的价值不仅仅停留在激发教师教研的情感和动机水平上,也不仅仅体现在促进教师专业发展水平的提高上,同时还体现在知识、技能以及对实践经验的总结和推广上,即体现在对学校组织的促进上。从这个意义上看,教师的合作,就不是简单的个体知识的单纯积累或是简单相加的总和,而是超越于这个结果,因为它使整个联盟组织发生了质的变化。这个变化,带来的是无穷潜能和力量,尤其是这种合作文化,即使联盟学校的领导人或成员更换了，仍然会以组织文化的形式加以传播。

（三）其他合作教研形态的启示

类似于学校联盟教研这样的合作教研，还有很多的存在形态。例如学科教研组、教研共同体、名师工作室、合金团队等。这些社会学概念都揭示了成员是在某种特定社会关系或社会结构里从事学习或教研的，但不管是哪个概念，都包含了成员之间的团队精神、合作学习、共同愿景这些基本要义。对这些合作教研的形态，从职能演变、发展历史、运行机制、成员分工等方面进行扫描式的梳理，有利于我们全景式地建构学校联盟。

1. 学科教研组

学科教研组目前还广泛地存在于学校中，并发挥着最基层的团队教研的作用，其在教研职能上类似于学校联盟教研。

（1）含义

教研组本质上是一个学术性组织，是由相同或相近学科教师组成，以研究、探讨和解决教育教学中产生的实际问题为主要任务的基层组织，同时又承担了一定的行政管理功能，因此教研组具有研究、指导、培养、管理和服务等功能。在现代教育理论体系中，教研组又是一个学习型的实践共同体。

（2）学科教研组的职能转变

我国的学科教研组全称为"教学研究组"（teaching and research group），是基于学科的教学研究小组，是学校的基层单位组织，它不但是教师专业能力增进的重要舞台，还是教师形成专业归属感与学科崇拜的发源地。

教育部于 1952 年颁发的《中学暂行规程（草案）》中明确规定："中学各学科设立教学研究组，以研究改进教学工作；小学由全体教师依照学科性质、本校具体情况分别组织研究组，各组设组长 1 人，主持本组教导研究会议，研究改进教导内容与方法，并交流和总结经验。"这是我国首次以文件的形式对教研组做出了规定，其任务为讨论及制定各科教学进度，研究教学内容及教学方法。

教育部于 1957 年颁发了《中学教研组工作条例（草案）》。该《条例》在法定条文中第一次提出"教研组"这个名称，并对教研组的职能做了具体规定。教研组设组长 1 人，负责组织领导教研组的工作，由校长聘请有教学经验并有一定威信的教师担任。学科教研组不是行政组织的一级，其任务不是处理行政事务，学科组长也不是介乎校长、教导主任和教师中间的一级行政干部。

进入20世纪90年代中后期,伴随着学生高峰的来临、社会对教育需求的不断增长以及学校布局的调整,致使学校规模急剧膨胀。同时,学校管理的范围也在扩张,除了常规的教育教学管理,还涉及教师的继续教育以及各种达标、评估和检查等。庞大的办学规模和繁复的管理事务,使得校长和教导主任无法直接面对所有教师,于是行政重心开始下移,从而更加强化了教研组的管理职能。教研组长不仅负责制定学期教学计划、组织教师集体备课,还要进行日常考勤、考试安排、教师教案与作业检查,参与处理教师进修、业务考核、职称评聘等同教师相关的事务。在此前提下,教研组的行政职能不再局限于上情下达,而是成为实际的教导处下设的行政管理组织。

(3)教研组对学校联盟建设的启示

从对教研组职能的认识中,我们认为学校联盟教研不是一个校际的大教研组,学校联盟教研应该具有不同于教研组的特质。

首先,教研组内各成员之间的交流更多为非正式的交流,教师虽然有积极合作的意愿,却并不认为合作对教学改进有较大的助益。这提示我们,学校联盟不能只关注教学资源配备、教学信息的供给和环境资源的整合,更应同时强调教学信念的支持及团队精神的发挥,锻造一种合作的组织文化,以更好地发挥学校联盟的组织潜力。同时,学校联盟教研作为一个单纯的以教学研究为内容的专业组织,不能承担任何的行政职能。

其次,教研组中组织成员之间是一种单向性关系,即由圆心向外围辐射的关系,教研组长处于核心位置,这无形之中形成一种层级关系,有层级的存在,就会有不公平现象的存在。学校联盟的组织成员之前是一种多向性关系,所有成员,不论职务,不分学科,均弥散于一个圆中,进行自主互动的合作研讨。

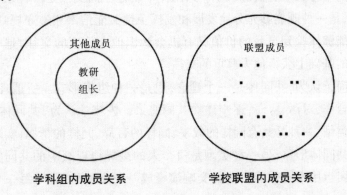

学科组内成员关系　　　　　学校联盟内成员关系

再次,联盟教研组织者应具有与学科组长不同的行为特征。如下表:

学科教研组长的倾向	联盟教研组织者的特征
被动的	积极主动的
关注现状	具有前瞻性和革新性
不惜一切代价避免冲突	认识到冲突的可能性
回应事件	预测事件
抓住出现的机会	创造机会
不加质疑地接受现状	挑战现存的实践
关注课堂	关注整体学校
具有一个狭隘的、局部的和有限的观点	具有更广阔的局部和整体的观点
专长表现不充分	增强专长
支持同伴	发展同伴
执行维持性任务	发起和承担成长性任务
根据迫切的需要作出临时的决定	参与基于短期、中期、长期的行动计划
不愿设定目标	从学校整体角度设立目标
个体主义的	促进合作性工作
临时的监督	系统性监督

学科组长和联盟教研的组织者,因为职能的不同,表现出的特征也是不同的,甚至是相对立的。在这种对立的比较中,我们更清楚地看到学校联盟教研相对于校本教研的优势所在。

2. 教研共同体

斐迪南·滕尼斯说:"一个真正的共同体,是一个在自愿的基础上组织集合起来并由协商建立的、有规则运行的团体。它的首要特征是共同体成员之间的平等关系和资源共享。共同体中所建立的交往是一种亲密关系中的交往,是一种既能够充分地发展和发挥个性又能信奉和遵守规则的交往,是一种能够体验到自我的价值又有机会认识他人价值的交往,是一种在尊重他人的基础上获得他人尊重的交往。"

成尚荣认为,共同体是一个理念,也是一种组织形式。所谓理念,共同体倡导合作、对话、协商,逐步建立共同愿景。佐藤学认为"共同体"可以分为两种类型:一种是共有同样的叙事、同样的言辞、同样的祈愿,实现同样的目标的共同体形象;另一种类型是每个人的差异得以交响的共同体。正如交响乐团运用不同乐器音响的交响演奏成一曲交响乐那样,每一个人的经验得以交流与交换的共同体就是"交响式沟通"。不管是哪种类型的教研共同体，都是强调共同信念和愿景，强调各个成员主动分享各自的见解与信息，鼓励各个成员探究以达到对学习内容的深层理解。

学校联盟教研是教研共同体的一种新的形态，是在共同目标下进行的学校之间的教研活动，学校尤其是校长以研究同伴的身份发挥着更大的组织、协调、指导、引领的作用。

3. 名师工作室

刘穿石认为："名师工作室"是一个以课题研究、学术研讨、理论学习、名师论坛、现场指导等形式对内凝聚、带动，向外辐射、示范，引领教学改革，促进教师专业化成长的团队组织。

关于"名师工作室"的类型，郎光（2007）等认为"名师工作室"是由各区县或者学校层面成立的，但是出发点不同：有继续为名师创造条件而开展研究的；有延长退休时间，让名师发挥余热的；还有以"师傅带徒弟"加速青年成才的等等。全力（2009）认为"名师工作室"有的以项目驱动的形式开展；有的依据本区教育的发展目标和名师自身的特色，以带领区内的中青年教师为重点开展；有的名师需要与名师工作室签订《协议书》来确定任务、权利和义务；有的采用博士后流动工作站的形式，有严格的出站和进站要求和程序。

综上所述，我们可以发现学者们所定义的"名师工作室"内涵非常相似，他们都指出"名师工作室"是通过一系列的活动，以解决教学改革、师资队伍建设、优质教育资源辐射等问题，并促进教师专业发展的专门的组织。虽然"名师工作室"有各种各样的类型，但是从教师专业发展的角度来看，这些"名师工作室"都是基于共同的目标，通过各种活动来促进教师专业发展的共同体，但在具体运行过程中，"名师工作室"的支持系统依赖于强有力的行政制约和专业指导，从其发展历程看，"名师工作室"更是"师徒结对"的制度化和扩大化，而学校联盟教研更多的是依靠共同的发展愿景、合作的组织文化，是学校联盟成员在平等、互助基础上的共同发展。

4. "合金团队"

"合金团队"作业法是将学习型团队个体素质与集体素质加以整合，进行战略研究的方法，是一种不同于个体学习的组织学习（organizational learning）。合金是两种或两种以上的金属（或金属跟非金属）熔合而成的具有新的金属特性的物质。"合金团队"是由来自不同工作领域、不同学科背景，具有不同性别年龄、不同特点优势的成员组成的战略学习型团队，具有优势集合性、学科交叉性和经验互补性的特点。不同于行政单位的科层机构，"合金团队"是一种超扁平式组织结构，团队成员之间地位平等。人们共同参与学习和研究，通过战略对话分享信息和经验，并相互撞击、融合与补充，形成创新思路和共同理论。

以教研活动规划为例，"合金团队"的工作机制是以集体研讨为主，个人思考为辅；集体讨论决策与个体发挥作用相结合，充分体现集体与个体的集合性和互补性，个体的知识、智慧和能力在一个群体中充分发挥，一般而言，常常由团队集体谈论教研活动框架、教研思路，然后让不同领域的专业人员负责拟订自己相对熟悉的规划内容，以发挥个体的专业、知识和经验优势。"合金团队"更能实现"各美其美，美人之美，美美与共，天下大同"的目标，这也是学校联盟教研需要借鉴的经验。

二、学校联盟教研的理性分析

学校联盟教研能否实现教师真正意义上的自主、合作和发展，需要我们进行深入的理性分析和论证。我们从支持学校联盟教研的理论、形成联盟教研的条件、联盟教研和校本教研的辩证关系等方面进行分析。

（一）支撑学校联盟教研的理论

学校联盟教研是由特定的研究群体组成的，在这个群体里，每个人都是一个有思想、有个性、有自己独特的思维方式和行为习惯的"唯一性"个体。如何把这些"唯一"的个体，联结成一个个具有研究能力的团队，就必须根据人的复杂的心理和行为特点，研究群体里的人际关系和互动方式，这就要对一些相关理论的展开进行学习和研究。

1. 自组织理论

自组织理论是 20 世纪 60 年代末期开始建立并发展起来的一种系统理论，主要是 L. Von Bertalanfy 的一段系统论的新发展。它的研究对象主要是复杂自组织系统（生命系统、社会系统）的形成和发展机制问题，即在一定条件下，系统是如何自动地由无序走向有序，由低级有序走向高级有序。德国理论物理学家 H. Haken 认为，系统按照相互默认的某种规则，各尽其责而又协调地自动地形成有序结构，即自组织。一个系统自组织功能愈强，其保持和产生新功能的能力也就愈强。

自组织理论能给以我们的启示就是,学校联盟必须建立一个能够统筹协调的内部组织系统,必须建立所有成员能够自觉遵守的规则,依靠内部的相互作用,自发和自我控制,实现联盟组织的健康持续发展,否则,学校联盟就会陷入自由散漫的低效率运行状态。

2. 学习型组织理论

学习型组织(Learning Organization),是美国学者彼得·圣吉在《第五项修炼》一书中提出的管理概念。他认为,学习型组织就是一个能够通过学习不断熟练地创造、获取和传递知识的组织,同时也要善于修正自身的行为,以适应新的知识和见解。学习型组织理论,就本质而言,学习的真正目的是拓展创造力,而学习型组织就是一个具有持续创新能力、能不断创造未来的组织。它就像具有生命的有机体一样,能在内部建立起完善的学习机制,使组织与个人、工作团队及整个系统三个层次上得到共同发展,形成"学习—持续改进—建立竞争优势"这一良性循环。

彼得·圣吉提出学习型组织的五项修炼:系统思考、自我超越、心智模式、共同愿景、团队学习,与学校联盟组织有广泛的共性,都是强调横向联系与沟通,强调授权,要求管理者不再扮演监督与控制的角色,转而担任支持协调与激励的角色。同时,要求组织成员应以自主管理为导向,自主计划、决策与协调。

3. 马斯洛的自我实现需要理论

美国人本主义心理学家亚伯拉罕·马斯洛(Abraham Harold Maslow),1943 年在《人类的激励理论》一文中阐述了人类的基本需要及其层次结构,从最基本的需要出发,它们是基本生理需要、生存安全上的需要、情感归属的需要、自我满足和受人尊敬的需要以及自我实现的需要等。当人们最基本的需要得到满足时,他们就会转而致力较高层次需要的满足。用马斯洛的需要层次来衡量,教师的需要中高层次的精神需要占了更大的比重,而自我实现的需要是人所具有的、力求最大限度地利用自己才能和资源的需要。

不同教师对自我实现的需求是不同的,仅仅依靠制度规范、整齐划一的培训与自上而下的行政命令已经无法满足教师的发展要求,尤其不利于充分发挥每一个教师的潜能。正如王策三先生指出:我国提高教师工作的难度,普遍情况是不同程度上教师的主体性、独立性、主动性、创造性等得不到提倡、保护和鼓励。相反,他们耳朵经常听到的是这个"不准",那个"不准"

的声音,受到束缚压抑。这无疑影响着他们聪明才智的提高和发挥,对教师教学决策和自主的专业发展造成严重消极影响。① 因此,只有根据不同教师对专业发展的不同需求,尊重差异,创设条件,搭建自主发展的平台,调动其积极性,引导教师在分析自身优势与不足的基础上建立成长机制,采取相应的专业发展措施,才能推动教师专业的自主发展。

4. 社会建构主义理论

社会建构主义理论认为,知识的建构是一个循环过程,个体的主观世界是和社会相互联系的,而知识是在人类社会范围内,通过自身的认知过程及个体间、各种社群间的社会协商而建构的。② 主要特征包括互动性、商谈性、超越性等。

学校联盟中的多主体学校不是个体学校的简单相加,而是在一定社会环境与条件下,多个主体之间相互作用的有机统一体,从而形成整体大于部分之和的集成效应。正如熊川武教授所说"教师群体尽管由教师个体组成,但正常情况下,其作用不是每个教师的作用的简单相加,积极的教师群体让每个教师充分发挥自己的积极性从而形成合力,其作用远远大于各个教师单个作用的总和"。③ 教师之间在认知结构、智慧水平、认知思维方式、教学风格等方面的差异,通过教师之间互动、交流,相互启发、协作补充,实现思想智慧上的碰撞,从而产生新的思想,使教育生态资源更加丰富和完善。

5. 教育生态理论

"生态学"(ecology)一词源于希腊文,最早由博物学家索罗于 1858 年提出。生态学是一门"研究有机体或是有机群体与其周围环境的关系的科学"。生态学研究的一个主题是生物与环境之间的相互关系,包括生物适应不同环境的过程和环境对生物的塑造作用,以及生物群体在不同环境中的形成过程及其对环境的改造作用。

教育的生态环境,是以教育为中心对教育的发生、发展和存在产生制约和控制作用的多维空间和多元的环境。这一环境系统大致可以分为三个角度:一是以教育为中心,由外部的自然环境、社会环境和规范环境等组成的教育生态环境;二是以学校某一教育层次或类型为中轴,由整个教育系统所

---

①王策三. 保证基础教育健康发展学与教的心理学[J]. 北京师范大学学报社科版,2001(5).
②赵健. 学习共同体—关于学习的社会文化分析[M]. 上海:华东师范大学出版社,2006. 6.
③熊川武,江玲. 理解教育论[M]. 北京:教育科学出版社,2005. 146.

组成的环境;三是以个体发展为主线,由包括环境教育在内的外部环境组成的系统。①

教育生态环境具有多元性、复合性、整体性的特点,所以,不同的主体有不同的生态环境。要最大限度的发挥教育生态主体与生态环境相互作用的正向作用,降低其负向作用,实现教育生态结构与环境的最优化,最为重要的是要在教育生态系统内部的各种教育管理和活动中不断地对它们进行必要的引导、调节、控制和管理,使教育生态系统能综合平衡、高效运行、功能优异及其与自然环境、社会环境的良好协同。

我们将学校联盟视为一种生态型的学习环境,创造性地引入了生态学的研究视角,以生命意识和系统理论为基础创建一种生态教研模式。这种生态环境视野下的教研活动,就是参与者通过积极主动的活动,借助有目的的反思实践,对其所处的生态环境所能提供的给养进行调试的过程。在这个过程中,参与者不仅因为建构和了解了更多的知识促进了自身的成长,而且因为承担着共同发展的责任,积极引导生态环境的正向作用,从而促进了学校联盟的整体成长。

(二)形成联盟教研的条件

没有研究的内容,就没有研究的人员;没有人,一个组织也就不会存在。对于学校联盟教研来说,有需要解决的问题是联盟组织存在的根本;联盟成员的自我成长,是联盟学校发展的根本;具体的研究和实践基地,是联盟学校物质化存在的标志。支持联盟教研的基本条件就由"问题""主体""基地"三个因素组成。

1. 共同研究的问题

目前,教师的教育教学实践中,并不是没有问题存在,而是对问题熟视无睹,习惯了把问题上交给专家或是教科研人员解决;也不是不能尝试着解决问题,而是因为具有畏难情绪,自己没有解决的欲望,也找不到合适的解决途径。如果能把这些问题由教师自己整理出来,再引导教师先自己尝试解决,自己解决不了的,由一个团队来共同解决,让教师真正地体验到自己的问题自己发现,发现的问题自己解决的感觉,具有了这种实践、研究的幸福体验,就提高了教师研究的意识和能力。

① 吴林富. 教育生态管理 [M]. 天津:天津教育出版社, 2006. 88.

2. 主动研究的主体

教师是教学问题研究的主体，这是毋庸置疑的。但由哪部分教师来研究，同年级的、同学科的，还是同学校的？研究的主体不同，研究的效果也就不同。目前由教师组成的研究团队大致可以分为三种：一是教学观点相同、研究意向或动机相同、性格相同的教师通过自由交往而形成的团队，这种组织结构具有共向性，能产生较好的团组效应；二是由上级委派，靠行政安排而形成的研究团队，这种组织结构有时会因为教师思路不同、意向或动机无序，产生"内耗"，使研究团队难以发挥最佳效能；三是自愿结合与领导合理安排相结合而形成的研究团队，这种形式有利于开展校本研究。

学校联盟教研团队的组建，主要是充分考虑成员的研究意愿和研究能力，必要时要加以鼓励和引导，使真正能研究的成员融进研究团队。

3. 开展研究的基地

联盟的各学校，各有自己的优势资源，也各有自己的劣势条件。作为研究的基地，一是能充分发挥基地学校的优势资源，取得更好的研究成果；二是能借助学校联盟进行教研的平台，改进学校管理、凝聚学校文化、补充劣势资源、改变教师思维方式等。每次活动的基地选择，既可以根据教研内容的需要决定，也可以由联盟学校轮流承担。不管是哪种方式，承担研究的基地学校，都要认真准备，为联盟教研提供必需的物质条件和良好的研究氛围。

（三）联盟教研与校本教研的辩证关系

联盟教研和校本教研都是教研的一种形式，都是以解决教学实践问题为主要目的。二者在研究人员、研究内容、研究时间、研究场所等方面有没有矛盾或是冲突，如果有，要如何避免和化解？怎样将校本教研和联盟教研有机结合起来，优势互补而不是各自为战？这就需要我们先厘清校本教研和联盟教研之间的辩证关系。

1. 学校联盟教研比校本教研更能解决深层次的问题

实践表明，传统校本教研存在很大的局限性，表现在：第一，以行政命令型为主的教研管理已不能适应教研发展的新趋势。传统的校本教研活动因其行政主导过多、任务驱动过强、互动生成较少、方式方法单一等缺陷，其教研形态存在着单一性、封闭性、滞后性与静态化的特点。教研活动更多执行的是"规定性动作"，大多数学校都是循着"初期学校安排教研计划——教研组按计划布置落实——分阶段组织教学展示或研讨——期末各部门进行教研总结"这样的模式进行。在这样"齐步走"的统一步调中,教研的目光很难细致地聚焦到课堂真实疑难问题的研究上,研讨活动更少触及普遍学科规律探寻的应有深度。这种形态的教研活动,聚合性、开放性、创新性与动态性都明显不足,形式化、低效化特征突出。第二,以经验帮带型为主的教研方式已不能适应教研发展的新态势。面对新时期急剧变化的教研态势,更多的学校没有主动与时代对接,无法前瞻性地为教师提供思维自由碰撞的教研平台,教师教研的多元合作与深度拓展缺乏足够的凝聚与吸引力。传统的校本教研往往是经验式的。我们总是主观地揣定某些教育因素对学生很重要,哪些变量对课堂有影响,然后,再依据自己的判定,通过一次次反复的实践来验证这些主观经验的可靠性。这种以经验为主导的传统教研往往存在着主观化、臆测式、灵感型的缺陷,常常容易出现"问题不够草根、目标比较宽泛、实证相对缺乏"等症状。研究后与研究前相比,对问题的认识高度与解决程度并没有质的提升。

联盟教研和校本教研之间不仅仅是一个大的教研和小的教研的区别,它们在"大"和"小"的方面有着多重不同的意义。我们尝试着从教研主体、教研主题、教研目的、教研行为、教研状态、组织机构、支持系统等几个方面加以比较,从中可以看出联盟教研比校本教研更能解决教学中的深层次的问题。

	校本教研	联盟教研
教研主体	专业研究人员和本校内全体教师,或者部分人员组成的研究共同体	联盟学校内有共同研究需要的教师,他们既是研究者、组织者,也是实践者
教研主题	本校内教师普遍存在的教学问题	校本教研中无法解决的校际普遍存在的教学问题
教研目的	解决本校内的教学问题,提高教师教研水平;为了自己的教学而研究;使教育、教学行为和学习行为标准化	解决校际的教学问题,形成教研成果;既研究自己的教学,也研究他人的教学;不仅研究现实的教学问题,也研究某种教学理论、科研课题
教研行为	自上而下的行政推进;强调控制,崇尚一致性和标准化	自组织下的自觉行为,强调个人的独立、自由、价值和尊严;崇尚差异性,倡导多元性

教研状态	履行教学任务而必须参与下的被动接受,难以发挥主观能动性	因解决需要而自愿参与,具有选择性和能动性
组织机构	建立学校教科室;以物为本,崇尚效率、控制和分工	建立学校联盟指导委员会;以人为本,强调自主、合作和沟通
支持系统	学校严密的科层管理和制度管理以及教学研究机构的专业引领	促进型学校结构、共同愿景以及对专题研究价值的高度认可

（1）教研内容

学校联盟教研的内容来自各学校在校本教研中产生的那些无法独立解决的问题,对问题解决的策略加以提炼和提升,形成有一定理论支撑的研究成果,既可以指导学校联盟成员的教育教学实践,又可以在校本实践中进行验证和应用。

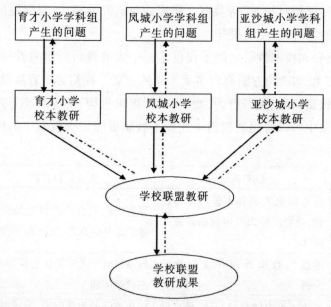

（2）教研行为

校本教研与联盟教研的行为是在互动中生成的,以问题为导向——问题在校本研究中产生,以活动为媒介——问题在联盟教研中解决,以应用为目标——成果在校本实践中运用。只要有问题存在,就有校本教研和联盟教研行为的发生,而且,这种行为具有周期性,即"问题—结果—应用—新问题",循环往复,螺旋上升。在每个行为周期中,联盟成员的研究能力都得以不断提高,教学问题得以高质量的解决。

由此可见,校本教研是学校联盟教研形成的基础,学校联盟教研是校本教研发展的动力。

（3）教研文化

每一个成员身上都浸润着校本教研的文化特征,不同的学校文化在学校联盟中释放、聚合、交融、强化,产生新的组织文化。就如同各种不同的幼苗,在一个温室里共同生长,温室为不同需求的幼苗提供不同的土壤、水分和养料。在联盟教研文化里,能够看到每个学校校本教研文化的影踪,但又不是任何一个学校文化的全部。校本教研文化和学校联盟教研文化相互融汇、相互影响,形成"你中有我、我中有你"的交融状态。优秀的联盟教研文化,一定是吸纳、兼容了学校校本教研文化的精华,并加以创生形成的。

由此可见,学校联盟教研是集合了校本教研优秀的共性因素,并重新创生一种新的文化形态,是对校本教研的继承和发展。

（4）活动基地

校本教研的基地就是自己的学校,是一个固定的实体的研究场所。学校联盟教研的基地具有临时性和虚拟性的特点。当联盟教研因为活动的需要,由某一所学校承担现场时,这所学校就是联盟学校教研的场地,只不过是临时性的;当学校联盟教研需要成员在自己的学校里分散研修时,各学校就是本校成员的研修场地,联盟的学校就是一个大的虚拟化的研究基地。

（5）研究机制

经常性的校本教研为教师提供了相互交流、互相促进的平台,学校联盟教研的一些常规知识、基本能力依赖于校本培训。从这个角度上说,学校联盟教研要借助校本教研的基础,才能有效实施。

总之,校本教研作为常态化的研究形式,是开展联盟教研的基础,为联盟教研培养教研骨干、形成研究氛围,并为联盟教研提供研究问题和方向。联盟教研作为高一级的研究行为,是校本教研问题的深化研究,并在教研形式、方法上对校本教研起到示范和引领作用,其研究成果也在校本实践中得到应用和验证。

2. 联盟教研比校本教研更能促进教师学习

以问题解决为中心的教研活动,其实质也是教师在不断学习的过程。越能引发教师学习的教研活动,其实质意义越丰富。我们从教研活动中的学习过程和学习成效两个方面来分析联盟教研和校本教研:

教师学习		校本教研	学校联盟教研
学习过程	教研活动形式	集体备课、公开课	公开课、主题性教研活动、集体课题行动研究
	学习材料	教材、课堂教学设计、学生作业	教材、课程标准、课堂教学设计、学科领域知识
	协商共识	普及学科知识	以学生为主体开展探究活动
学习成效	实践中知识的构建	实践中的知识、对知识的反思	实践中的知识、对课程改革的反思与批判
	实践知识的创生	无	专题研究成果

从以上比较可以看出，学校联盟教研首先能够引领教师与校外专家展开边界跨越的合作与对话，提升学习成效；其次，能够活化教师校本教研活动形式和目标，探寻多种活动形式与目标之间的连接点和相互关系，避免学习活动流于形式和疏于实质；再次，能够为教师提供丰富的学习资源，使校本学习不止于教材教案，还包含学生学情分析、作业反馈、教育理念情境化转化等，这将对教师学习及其实践知识的建构有所惠及。

三、学校联盟教研的实践活动

学校联盟教研是学校联盟的重要活动，我们重点从教研要素、教研程序、教研形式三个方面进行了实践与研究，并以此探索学校联盟有效促进教师专业发展的策略。

（一）教研要素

一次完整的学校联盟教研活动主要包括以下几个要素：教研主体（包括个体的教研者和教研群体）、教研目标、课程知识、工具及资源、规则、教研活动分工以及教研的情境。在学校联盟教研中，工具作为教研活动的中介，调整着教研者与课程知识之间的关系；规则作为教研者个体与教研群体之间的中介，形成了个体在群体中活动的基础，调节着个体与其他成员及整个群体的关系；通过教研活动分工，学校联盟教研的任务得以具体化，使联盟成员明确了自己在与课程知识互动的过程中的角色和作用，在根据联盟教研的不同任务、不同教研目标所安排的教研活动中，既分工又合作，共同实现学校联盟的教研目标;学习情境则弥散于整个联盟教研之中,体现着学校联盟教研的时空特性。在学校联盟教研的中心部位,教研个体、群体和课程知识之间的主客体关系发生交往互动,产生了教研行为。[①] 教研活动的每个要素在活动中都是不可缺少的,而且,它们必须协调一致、统一运行、有效发挥各自的功能。

我们以"教师个性化课堂教学"研讨活动为例:

"教师个性化课堂教学"研讨活动方案

一、活动时间

2016 年 3 月 27 日

二、承办学校及活动地点

育才小学

三、参与人员

联盟学校成员

四、活动目的

通过教师的课堂教学展示,探求"怎样的教育思想、方法、手段和教学智慧可以称为个性化课堂教学";借助"学校联盟教研"合力打造一批具有个性化教学风格的教师,进一步增强教师实施个性化教学的信心,激励联盟成员在同伴互助中实现自主发展;发挥联盟成员的骨干示范作用,深化课堂改革,构建有效、高效课堂;探讨有效的课堂观察手段,提高评课活动的有效性,实现通过科学的观课评课活动,解决区域教师课堂教学存在的共性问题。

五、活动内容

1. 教师个性化课堂教学展示

2. 观课

3. 议课

4. 专家点评

六、具体活动安排:

---

①郑葳. 学习共同体—文化生态学习环境的理想架构[M]. 北京:教育科学出版社,2007,131.

时间	内容	主讲人	地点
8：10—8：40	活动介绍	李丽	多媒体教室（一）
8：50—9：30	个性化课堂教学展示	三年级语文：蒋岚	多媒体教室（一）
		五年级数学：尚晓燕	多媒体教室（二）
		四年级英语：王晓静	四（三）班
9：45—10：20	课堂观察技术评课	语文（初向伦）	多媒体教室（一）
		数学（高文军）	多媒体教室（二）
		英语（徐英俊）	会议室
10：30—10：50	活动总结	初向伦	多媒体教室（一）

七、活动要求：

课堂教学个性化展示的教师首先确定自己的个性化展示项目，根据教研室下发的教学进度，自主选择展示课题，做好课堂授课展示准备。然后设计好个性化课堂教学观察量表（重点设计两个观察点），并在教学设计中阐述自己的个性化教学风格及具体的课堂呈现。

学校联盟教师发展指导中心
2016 年 3 月 6 日

1. 教研主题

联盟的三所学校，有县级骨干教师 23 名，烟台市学科带头人 8 人，有山东省优秀教师 3 人，获得省优质课 10 人次。但在这样一个资源优势明显的教师群体里，没有市域内的名师，更没有专家型教师。因个人视域的局限、学校指导功能的弱化，校本教研已无法帮助教师形成个性化的教学风格，而教师要成为名师，首先要有自己鲜明的教学风格和独到的教学理念。因此，学校联盟教师发展指导中心把培养教师的个性化教学风格，作为一个阶段研究工作的重点，并进行了教研主题和活动方式的详细规划。

次数	活动形式及教研主题	承办学校
第一次	自我规划：个性化课堂教学风格的形成	凤城小学
第二次	专家讲座：追求个性化教学风格，成就最美自我	育才小学
第三次	网络研讨：如何形成教学风格	亚沙城小学
第四次	读书汇报：名师典型案例的多维解读	凤城小学

第五次	专家讲座：做一个有情怀的人	育才小学
第六次	展示汇报：个性化课堂教学成果	亚沙城小学
第七次	征文比赛：课堂教学叙事	凤城小学
第八次	展示汇报：个性化课堂教学成果	育才小学
第九次	演讲活动："我的成长故事"	亚沙城小学
第十次	成果汇报：个性化课堂教学成果	凤城小学

同时，每个成员也做了发展规划，例如汪敏老师的研修规划：

时间	研究内容
2015.1—7	个性化教学风格的理论研究，重点确定形成的策略和途径
2015.8—12	个性化风格形成的案例研究，重点是以课堂观察的形式，确定个性化风格在课堂上的呈现
2016.1—6	结合各种研修成果，对个性化风格进行再提炼、再矫正，重点是用理论架构风格
2016.7—12	整理案例，从"风格解读、形成之路、教学主张"等方面总结成果

教师进行发展规划分析的过程，也是教师对自己进行反思和再认识的过程，是教师把自己的研修目标统一到学校联盟教研目标的一种方法。经过这样的分析和规划，保证了成员之间、成员和组织之间教研目标的一致性，产生共同教研的需求。

2. 教研主体

形成个性化的教学风格，是所有联盟成员专业发展的目标。开展基于个性化风格形成的相关活动，联盟成员需求强烈、积极参与，因此，研究的主体就是所有的联盟成员。研究主体里的每一个人地位平等，都是研究的主人，都具有研究的领导力，这是联盟学校着重培养的一种研究的主人翁意识。一个人一旦有了主人的感觉，他的态度就会积极主动很多，潜能就会被激发出来，也就能负责任地、创造性地去工作，这也是学校联盟教研高质量、高效益的一个原因。

3. 教研目标

本次活动的教研目标：一是探求"怎样的教育思想、方法、手段和教学智慧可以称为个性化课堂教学"，即展示案例的老师要从教育思想、教学方法、教学手段、教学智慧等四个方面展示自己个性化的教学特点；二是运用课堂观察的方式,帮助老师分析个性化课堂教学风格是否能高效益地作用于教学。

教育思想、教学方法、教学手段、教学智慧这几个方面最能体现教师教学的个性化,当然也是追求个性化和追求课堂教学实效最容易出现矛盾的方面,以此为活动目标,更有研究的价值。

4. 工具及资源

课堂观察作为一种行为系统和工作流程,是一种新兴的研究方法,需要团队的合作。本次教研活动最主要的工具就是课堂观察量表的设计,它是分析教师课堂教学风格个性化和实效性的关键。本次观察量表的设计,是以展示案例的老师为主,由学科组集体研究确定的。

如语文学科设计的观察量表:

朴实、扎实的个性化教学风格
课堂观察记录表(一)

研究团队			班级	三(一)	人数		科目			语文	
执教人	蒋岚		课题	《一面五星红旗》《卖木雕的少年》			课型			群文整合	
观课人			单位				时间				
拟解决的问题	课堂上如何提高学生的读写能力										
观察点	朴实的读写训练点的设计对学生读写能力的影响										
读写训练点	呈现方式					学生参与方式				学生参与状态		效果		
	造句	仿写	迁移	想象	引读	其他	读	说	写	背	积极	消极	高效	低效	无效

朴实 扎实的个性化教学风格

课堂观察记录表(二)

研究团队			班级	三(一)	人数		科目	语文		
执教人	蒋岚		课题	《一面五星红旗》《卖木雕的少年》			课型	群文整合		
观课人			单位				时间			
拟解决的问题	课堂上如何提高学生的读写能力									
观察点	如何扎实推进学生的读写活动									
读写活动的内容	学生参与方式			教师引导方式				效果		
	读	说	写	创设情境	追问推进	动作示意	其他	高效	低效	无效

　　有关专家将学校资源分为四类:智力资源,指专业人员的知识和技能;社会资源,指来自个体、组织、机构的相互支持;财务资源,指以教研优先为原则的物质条件;精神资源,指可以给组织带来发展和凝聚力的价值观。本次活动中我们运用的资源是育才小学对课堂观察的研究成果和熟练掌握这门技术的教师。育才小学运用课堂观察的方式提出解决课堂教学问题的策略,已经有了成功的模式和经验,并且在校本培训中培养了一批学科骨干,这些资源为联盟教研活动提供了人力和技术上的保障。

　　5. 教研规则

　　除了学校联盟的章程约束、校本教研的制度约束外,本次活动的教研规则对展示案例的老师主要是课堂教学技术方面的约定,例如确定个性化风格展示的方面,选择能体现这种风格的教学内容、精心备课、制定课堂观察量表、备好说课稿等;对听课、议课成员的约定是:学习课堂观察有关理论和技术、掌握课堂观察量表的使用方法、能根据量表的要求做好观察记录、能整理一份完整的课堂观察报告、能针对观察点综合提出解决问题的策略等。

　　6. 教研情境

　　本次活动创造的教研环境,一是个性化课堂教学风格形成的意义。我们通过专题讲座从教师风格与学生个性成长、教学风格与教师专业发展两个角度,深化联盟成员对"风格即魅力""风格是思想的血液"的认同;二是课堂观察技术手段对课堂研究的意义。我们通过育才小学骨干教师对联盟成员进行的课堂观察的培训,使联盟成员认识到了课堂观察对课堂教学问题的诊断功能,并初步掌握了这种研究技术。

7. 教研成果

联盟教研中,成员主动参与、积极讨论、深入研讨,形成了课堂观察报告。对课堂案例中存在的问题,从现象到本质、从宏观到微观做了科学的分析,数据具体、实例全面,为解决策略提供了理论和事实依据。

附:育才小学蒋岚老师个性化教学案例

朴实的教学设计,扎实的读写训练

一、教学风格形成的背景

刚毕业时的我正赶上新课程改革,那时候的语文课堂在我看来非常的新奇、热闹,课堂上师生又说又唱又跳,形式可谓是丰富多彩,花样百出。可是当沉静下来以后又会觉得在热闹的语文课堂背后,也存在着潜在的危机:热闹的活动多了,安静的品位少了;媒体的使用多了,文本的解读少了;人文性的因素多了,工具性的落实少了……总觉得语文课堂缺少了语文的本色。可是当我走进贾志敏、于永正、支玉恒、薛法根等语文界的名师课堂后,我会情不自禁地想到唐朝大诗人李白的诗句"清水出芙蓉,天然去雕饰。"这也使我对语文课堂有了清醒的认识:那种追求场面热闹,形式花哨的语文课终究不长久。名师的课堂追求的是朴实、扎实、不刻意雕琢的课堂,没有与课堂无关的语言和行为,没有哗众取宠的调侃和媒体展示,所有的一切教学手段都是为教学服务,为学生服务,进而切切实实提高学生的语文能力和素养。因此,在十七年的教学历程中我执着地追求自己的教学风格——朴实的教学设计、扎实的读写训练。

二、教学风格在课堂中的呈现

鲁教版小学语文第六册第三单元《一面五星红旗》

师:同学们,这节课我们继续学习第三单元。本单元的主题是——

生:国际理解与友好。

师:我们再来读一读单元导语。

生:地球是人类的共同家园。世界各地的人,虽然肤色不同,语言不同,但是大家有一个共同的愿望,就是让世界充满爱,让人间充满信任。【没有花哨的开场白,直接以单元主题导入新课,体现出了朴实的教学风格。】

师:同学们课前自主预习的情况怎样呢?下面就让我们来展示一下吧!在这段话中包含了很多生字新词,你能正确流利地读好吗?

出示课文段落:

不久,筏子漂到了水势最急的一段河面,周围一片漆黑,我想大声呼喊,给自己壮胆鼓劲。还没等喊出口,只觉得眼前一黑,便落入激流之中。醒来的时候,发现自己被一块巨石挡住了,头和身子被撞伤了好几处,筏子和背包都无影无踪。我迷路了,在荒无人烟的大山里转来转去。直到第三天中午,我才来到一座小镇,走进一家面包店。

师:把段落读得如此正确流利看得出你课前预习很认真。

师:这个句子谁来读?

生:我摇摇头,吃力地穿上大衣,拿着鲜艳的国旗,趔趔趄趄地向外走去。

师:"趔趔趄趄"这个词语很容易读错,大家齐读一遍。

生:趔趔趄趄

师:再读一遍记住它。

生:趔趔趄趄

师:用食指在桌子上写一遍,从字形上看这个词语跟什么有关系?

生:趔趔趄趄这个词语跟走路有关系。

师:联系上下文说说趔趔趄趄是指怎样走路?

生:趔趔趄趄就是指没有力气,走起路来东倒西歪。

师:为什么会这样?

生:因为我三天三夜没有吃东西了,很饿,身体很虚弱。

师:想一想生活中看到什么人趔趔趄趄走路?

生:喝醉酒的人走起路来趔趔趄趄。

生:妈妈生病了趔趔趄趄,地走向医院买药。

生:我的小弟弟刚满一岁,走起路来趔趔趄趄。

师:学习了词语就是要在生活中加以运用,这才是我们学习的目的。

【在"字音—字形—词意—运用"的学习中,将学生的读写训练落到实

处,培养学生对语言文字的运用,真正提高学生的读写能力,体现了教学的扎实。】

师:第10课的课题是《一面五星红旗》,文中"我"是如何对待五星红旗的呢?找出相关的句子读一读。

师:谁来读一读你所画的句子?

生:收拾好背包,我把它系在筏子上,手举一面鲜艳的五星红旗,便出发了。

生:为了防止丢失,也为了行动方便,我把国旗从旗杆上抽下来,系在脖子上。

生:我犹豫了一下,把国旗慢慢解下来,再展开。这面做工精致的五星红旗,经过河水的冲洗,依然是那么鲜艳。

生:我愣了一下,然后久久地凝视着手中的五星红旗。

生:我摇摇头,吃力地穿上大衣,拿着鲜艳的国旗,趔趔趄趄地向外走去。

师:同学们把文中写"我"对待五星红旗的句子都找出来了,老师按照顺序进行了整理。你轻声地读一读这组句子,你能体会出作者对五星红旗具有怎样的情感吗?把最能表现出这种情感的字词在文中圈出来。

师:请读出这个句子。

生:我愣了一下,然后久久地凝视着手中的五星红旗。

师:"久久地凝视",同学们做给老师看看。(学生做出凝视的表情)

师:想想"我"久久地凝视着五星红旗可能在想什么?

生:"我"可能在想要不要用国旗换面包?

师:联系下文我们知道"我"的决定是什么?

生:不能用国旗换面包?

师:"我"为什么会做出这样的决定?

(生沉默)

师:请看课文后面的知识链接。你知道"我"为什么饿了三天三夜还是不肯用国旗换面包吗?

生:因为国旗是我们祖国的象征,象征着祖国的尊严,所以"我"宁愿饿死也不能用国旗换面包。

师:是的,"我久久地凝视着五星红旗"进行了长时间的思考,最终做出了重要的决定。

【通过联系下文将学生的思维从表面逐步引向深入,体现了扎实的风格。】

师:课文尽管没有直接写我是一个中国人,但是从这里我们却能看出"我"为自己是一个中国人而自豪!

男生:收拾好背包,我把它系在筏子上,手举一面鲜艳的五星红旗,便出发了。

师:课文尽管没有直接写"我"爱国旗,但是从这里我们却能体会到"我"对国旗的尊重与爱护。

女生:为了防止丢失,也为了行动方便,我把国旗从旗杆上抽下来,系在脖子上。

师:课文尽管没有直接写"我"不能用国旗换面包,但是从这里我们却能感受到五星红旗比"我"的生命更重要。

全体:我犹豫了一下,把国旗慢慢解下来,再展开。这面做工精致的五星红旗,经过河水的冲洗,依然是那么鲜艳。

我愣了一下,然后久久地凝视着手中的五星红旗。

我摇摇头,吃力地穿上大衣,拿着鲜艳的国旗,趔趔趄趄地向外走去。

【通过创设情境引领学生走进课文进行有感情地朗读,培养语感,体现了朴实与扎实。】

师:通过这组句子你体会到作者那种微妙的写法了吗?

生:在与面包店老板交流的过程中,都是通过"我"的表情和心理的变化来表达"我"的内心情感的。

师:瞧,作者的这种写法多么微妙啊! 没有直接写"我"说什么和想什么,只是通过人物的动作和表情描写就可以让我们深刻地感受到"我"那颗浓浓的爱国之心。我们学着作者的这种写法也来表达一下自己的情感。

师:同学们,过生日的时候最希望爸爸妈妈送你什么礼物?

生:我过生日最希望爸爸妈妈送我一把……手枪

师:哇,这么长的名字你也记得住,看来你是真喜欢这手枪! 好的,你过生日这天,这把手枪就摆在你的书桌上,你看到后怎么做?

生:我立刻过去拿起枪,摆了一个姿势。

师:什么姿势?

生:我摆了一个很酷的射击的姿势。

师:然后呢?

生:然后就出去找小伙伴玩枪战游戏了。

师:真是太棒了。请同学们想一想你最喜欢的动物、植物、玩具、书籍、学习用品……是什么? 当你看到它时你是如何表达你的喜爱之情的? 把你的动作和表情写下来。

【教师耐心地倾听学生的交流,然后有目的地加以引导,使学生逐步把话说完整,说清楚,提高了学生的读写能力。体现了朴实与扎实。】

师:文中面包店老板前后对"我"态度有什么不同?

生:先前面包店老板跟"我"讲究平等交易,后来又愿意为"我"支付药费。

师:想一想老板对"我"的态度为什么会有这样的变化?

生:正是面包店的老板理解了"我"的那份爱国之心,也尊重"我"的这份爱国之情,所以向身无分文、历经险难的"我"伸出了友爱之手。

师:是啊,两个不同国家的人此时表现出了相互间的理解与友好,多么令人感动啊!

师:学习了本课你对单元主题有了怎样的理解和感悟?

生:不同国家的人要互相帮助,互相尊重,互相理解。

师:说得太好了,让我们再读单元导语。

(学生齐读单元导语)

师:最后请齐读这首诗歌。

生:和平是自由飞翔的白鸽,

友好是普洒金光的太阳。

无论长的是黑眼睛还是蓝眼睛,

无论来自东半球还是西半球,

我们大家都是地球这个美好家园的成员,

我们都应该努力让这个家园充满友好充满爱。

师:头脑风暴,试一试一分钟你能记住多少?

(学生填空背诵)

师:你能把这首诗歌改写成你自己的吗?

生:和平是自由飞翔的白鸽,

友好是普洒金光的太阳。

无论长的是黑头发还是黄头发,

无论来自非洲还是亚洲,

我们大家都是地球这个美好家园的成员，

我们都应该努力让这个家园充满友好充满爱。

【学生通过朗读、背诵、填空、改写诗歌等加深了对单元主题的理解与感悟，提高了读写能力，体现了扎实。】

三、联盟成员的观课议课

（一）优点

汪敏：蒋老师精心钻研教材，精选切入点，将对学生的读与写的训练融为一体。教师课堂语言虽朴实无华却能恰到好处地对学生加以引导，教学设计从字、词、句、篇、听、说、读、写步步深入，环环相扣，扎扎实实地对学生进行了语言训练，切实提高了学生的读写能力。可以说蒋老师的语文课堂融教学情趣、文本感悟、语言积累、习惯养成于一体，将"朴实、扎实"的教学风格体现得淋漓尽致。

于洁：蒋老师的课没有华丽的形式，没有喧闹的气氛。课堂上，简约明晰、扎实有效的教学设计，折射出蒋老师朴实、扎实的教学风格。教学中，蒋老师处处体现以生为本，贴近学生生活实际，注重对学生进行读写训练，让学生充分地读书，认真地思考，扎实地练习。将朗读贯穿始终，读写训练的设计恰当合理，在朴实的教学过程中，学生的读写能力得到了扎实有效的训练。

（二）问题

姜俊丽："我久久地凝视着手中的五星红旗"可能会想些什么？这是课文的一个重点问题。在课堂上一名学生回答"我可能想我要不要用五星红旗换面包"。看到学生的理解只在表面，蒋老师又让学生联系下文明确"我不能用五星红旗换面包。"可是问题并没有到此结束，为了让学生明白"我"为什么会做出要红旗不要面包的决定，又让学生阅读课后的知识链接，帮助学生认识到五星红旗并不是一面简简单单的旗子，《中华人民共和国国旗法》规定五星红旗是中华人民共和国国旗，是中华人民共和国的象征和标志。每个公民和组织，都应当尊重和爱护国旗。课后我们随机抽取20名学生对这个问题进行了笔试调查，结果有8名学生的回答仍是"我可能在想要不要用国旗换面包"。有11名学生回答"我可能想五星红旗是祖国的象征，我要爱护国旗、尊重国旗，我绝不能用国旗换面包。"有1名学生回答"我可能想五星红旗是我国的国旗，象征着祖国的尊严，尽管我现在很饿，非常需要面包，但是我宁愿饿死也决不能用国旗换面包。"从调查结果可以看出通过课堂上老师的步步追问有60%的学生对这个问题有了深入的理解，但仍有40%的学生只停留在表面。

（三）策略

李丽：有效的课堂追问可以激发学生的求知欲望，促进学生的思维发展，从而提高教学质量和教学效果。本节课对于"我久久地凝视着手中的五星红旗可能会想些什么"这个问题，蒋老师根据学生的回答通过步步追问进行了深入推进，只不过学生的思维只是停留在每一个零散的小问题上，导致课后40%的学生对这个问题的理解仍停留在表面。如果最后老师能够抓住"久久"这个关键词继续追问"久久是说时间很长，这么长的时间我凝视着五星红旗做了怎样的思想斗争呢？"有了前面问题的铺垫，学生就会进行一次系统的思考"我需不需要用国旗换面包？——为什么不能用国旗换面包——我决定怎么做？"有一个学生进行了全面的回答后，全班学生对这个问题的理解就会更加深入，课堂教学效果就会更加扎实、有效。

四、活动感悟

从来没敢想过自己的教学已形成什么风格，因为我觉得那是教育专家才达得到的层次。我的教学风格是什么呢？通过反观自己的成长历程，思索自己的教学轨迹，归纳自己的语文见解，我总结出朴实的教学设计、扎实的读写训练就是我的教学风格。在教学中如何体现这种风格呢？下面谈谈我的做法。

（一）朴实无华——联系生活，教会学生学以致用

《语文课程标准》指出"语文课程是学生学习运用祖国语言文字的课程。"在语文课堂上我们不必去追求热闹的场面、花哨的形式，就从学生的生活实际入手，引领学生学习运用语言文字。如教学《一面五星红旗》一课时，学习"趔趔趄趄"这个词语，根据以往的教学经验，这个词语学生非常容易读错，我就先让学生读正确字音，然后用食指在桌子上写一遍，再从字形上分析这个词语与"走"有关系，从而使学生知道"趔趔趄趄"是指东倒西歪没有力气的走路，接着再联系课文叫学生谈谈文中的"我"为什么走起路来趔趔趄趄。最后让学生想一想生活中见过什么样的人趔趔趄趄地走路并练习说一句完整的话。学生说"在酒吧门口看到一个醉汉趔趔趄趄地走着""一位老爷爷趔趔趄趄地过马路"，我又引导"你什么时候趔趔趄趄的走路？"学生马上想到"我生病了走起路来趔趔趄趄。"这样从"字音—字形—词意—运

用"的学习中,将学生的读写训练落到实处,真正提高学生的读写能力。

(二)扎实有效——追问推进,拓宽学生思维空间

方法的传授固然很重要,但能力的培养更离不开扎实有效的训练。有效的课堂追问可以激发学生的求知欲望,促进学生的思维发展,从而提高教学质量和教学效果。在《一面五星红旗》这节课上我让学生想象"我"久久地凝视着五星红旗时可能会想什么?学生说"我可能会想我用不用国旗换面包?"从学生的回答来看他只停留在表面上,我又追问:"联系后面的课文来看我是怎样想的?"他又说"我想不能用国旗换面包。"为了让学生明白"我"丰富的内心情感,我继续追问"我为什么不能用国旗换面包?"有个学生说:"因为国旗是祖国的象征。"我接着让学生齐读课文后面的资料袋的内容《中华人民共和国国旗法》规定:国旗是中华人民共和国的象征,每个公民和组织,都应当尊重和爱护国旗。最后再让学生完整地回答这个问题。这样课堂追问成了师生互动的平台,让学生的思维与表达得到实际性的提升,扎实有效地促进学生的进步与发展。

我确信:教师成熟的标志,就是其课堂教学形成独特的风格,追求属于自己的风格,这应当成为教师群体里每一个不甘平庸者的志向。在我的课堂上,学生们在我设计的朴实的教学活动中,读写能力得到了扎实有效的训练,这就是我的语文教学风格!

(二)教研流程

一个复杂的组织,其有效运行的保障就是建立一个科学高效的活动流程。学校联盟是由不同的成员学校组建而成的,每所学校都已经形成了相对稳定的运行程序,我们在尊重这些差异的前提下,融合共性的部分,弱化不同的成分,形成了学校联盟教研的活动流程。

1. 确定教研主题

学校联盟教研的主题来自校本教研中那些无法解决的问题,作为一个教研生态系统中的要素,它是教师、学生、教学情境交互作用下自然引发生长而成的,而非学校联盟外部或内部的强加。因为主题的自然生成性,才能保证联盟内所有成员的需求都能得到满足,同样,因为主题的自然生成性,整个联盟才能作为一个自组织的生态系统而得以生长。学校联盟按照"校本问题征集、联盟学校教师发展指导中心筛选、专家高层论证"的程序确定教研主题。

(1)主题的层次性

学校联盟教研的主题有五个层次:话题→问题→课题→项目→特色,它是由低到高渐进发展的关系,如下图所示:

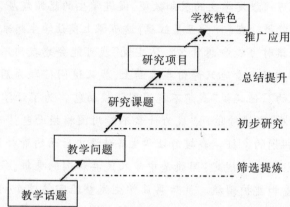

例如,将凤城街道中心小学"教师的提问与学生的思考不一致"这一讨论的话题,确定为"教学问题有效引领学生学习的策略"这一教研主题,再立项为张文质、黄爱华主持的全国教育科学"十二五"规划课题《生命教育学学科建构研究》的子课题《课堂教学问题设计的评价研究》,由联盟学校共同教研,最后形成凤城小学"学评教联动"课堂特色。当然,并非教师所有谈论的教学问题都能成为被研讨并深化的主题,只有教师普遍感到困惑、急需要寻求解决方法和实践策略的问题,学校联盟教师发展指导中心才整合和提炼出具有普遍意义的主题。

(2)主题的交叉性

因为三所学校校本教研会产生不同的问题,所以形成了学校联盟教研主题的交叉性。具体有以下三种情况:

①三所学校共同存在的问题,如怎样进行教学一致性的诊断。

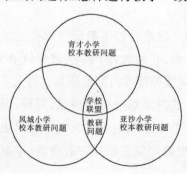

②由一所或两所学校提出了主要问题,没有提出问题的学校参与协助研究,例如青年教师如何把握学情,就是育才小学和亚沙城小学重点教研的主题,凤城小学因为青年教师较少,因此参与协助研究。

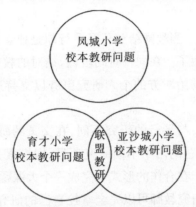

③三所学校都没有提出对该问题的研究,但这个问题在联盟学校之外的其他学校存在,或是未来会存在于校本教研中的新问题。如,远程研修的技术问题、课堂观察的技术问题,对这样的问题进行研究,就是一种超前的技术培训。

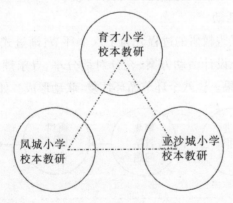

2. 确定研究主体

学校联盟主要是通过竞标的方式确定每个项目的研究主体,由学校联盟教师发展指导中心、研究中心、评价中心按照参与研究的愿望、实施研究的基础、项目研究的能力和设计的研究方案进行综合评估,最终确定出研究主体。

3. 确定合作形式

根据研究主题和研究主体的具体情况,学校联盟教研主要有以下四种合作研究的形式：

一是共享的研究。它发生在两位或者多位教师组成的团队中，他们一起界定并开展单个教师研究项目，在教师合作中通过信息的分享和互助来推动研究的开展。

二是平行的研究。当教师结对开展平行却是独立的教师研究项目的时候，平行的研究就发生了。在同一时间段内，结对的教师各自研究不同的话题，但是能够相互帮助给对方的个人研究事务以支持进而以合作的形式完成独立的探究话题。

三是交叉的研究：与平行的研究不同，在交叉的研究中，合作的教师参与的是关注同一个话题的两个不同研究项目，即探索关于这个话题的不同问题和想法，这相当于在合作的形式下完成一个大课题中的不同子课题。

四是研究支持：研究教师可以完全掌控自己的研究项目，但是可以邀请一位或多位目前没有参与研究的人来参与他们的工作。在这种情况下，被邀请的人扮演着重要的角色，他作为关键朋友而帮助研究者形成有意义的想法和项目设计，同时在收集和分析数据时给予援助，这种特殊的结构能给两位合作的同伴带来最大的益处，也能够对教学产生潜在的重要影响。

4. 开展教研活动

我们把学校联盟教研的过程分为了八个环节：渐进式积累、聚焦教学问题、商讨教研计划、设计活动方案、充分对话分享、寻求理论支撑、嵌入课堂教学、总结提升成果。这八个环节循环往复、联动形成。如图：

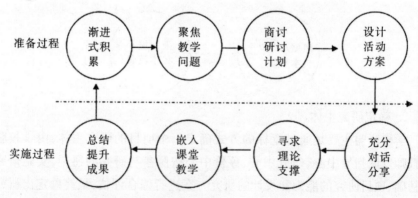

（1）渐进式积累

支撑着学校教研活动正常运行的其实不是教育理论，而是教育经验；主要不是学习和掌握了更多教育理论知识的高学历教师，而是拥有丰富教育实践经验的资深教师。教育经验是知识形态的东西难以替代的,只能通过时间流淌逐渐积累。教育经验虽然不具备教育理论的普遍有效性,但常常能高效地解决教育实践问题。① 就目前的实际情况而言,教师的教育经验大体可分为三个不同的层次。

个体经验层次是底层次的体验。这个层次的经验属于获得者个人所有,其表现也带有个人的一切痕迹,其时间、地点、事件、思考、施策、结果及反思等,都带有个人的个性、经历和风格的烙印。

团队经验层次是中层次的体验。这个层次的经验已经超越个人成为团队共同拥有的财富,总体表现上少了个体的特征,多了团队的风格。

理论经验层次是高层次的体验。这个层次的经验被剥去了所有的个人痕迹和学校痕迹,基本表现为一种条款模式。这个层次的经验一方面是依然带有实践智慧的性质,一方面是教学理论的源头活水。

获取和积累教育经验的方法很多,除了阅读、访问等间接的学习方式外,还有教师直接的学习体验,例如观察、分析、实验、对自然和社会现象的联想等。

(2)聚焦教学问题

教研活动主要解决的是教学问题,当前最为严重的教学问题是课堂问题。课堂问题已经不仅仅是一般意义上的教学效率问题,更是涉及课堂的文化等深刻的问题,例如教学目标与教学活动不一致,特别是目标缺少价值引领,学生不知课堂要学什么;学习任务不明确,问题琐碎,学生不知道怎样抓住关键问题去学习;学习评价标准不具体,教师为了评价而评价,学生不

---

① 耿申. 实践取向的教育研究:对教育经验的再认识[J]. 中小学管理,2011(1):26.

知自己学会了多少。为此,各研究团队围绕"学评教联动的策略"进行了"基于目标的教学设计""基于目标的评价任务设计""学学联动的策略""学评联动的策略""学教联动的策略"等聚焦课堂问题的研究。

(3)商讨教研计划

制定教研计划是有效落实教研主题的重要环节,好的教研计划能够改变教研活动盲目性、随意性、低效甚至无效性。学校联盟教研计划是学校联盟发展指导中心在广泛的协商和论证的基础上,通过以下环节完成的。

分析教研环境。分析教研环境的发展变化,是制定联盟教研计划的重要基础。既要分析学校联盟内外环境的变化趋势,寻找可以积极利用的因素,又要分析主题研究教师的成功经验和问题不足,以及每个成员自身的优势和传统。

确认关键问题。对要研究的问题,采用各种研究方法和工具,如问卷法、树型结构法、关键问题分析法、优化排序、对比排序等,来确定问题的重要程度和解决问题的优先次序。

形成研究目标。在分析教研环境和问题诊断的基础上,每个成员先制定出自己的教研目标,然后讨论协商、归纳提炼,形成研究团队的教研目标。

落实教研措施。对教研时间、方法、内容等提出具体的要求,包括教研活动需要的保障条件等。

撰写计划文本。从教研环境、主要问题、教研目标、实施措施等方面形成计划文本,充分体现出教研计划的可操作性。

例如:凤城小学"中年级语文课堂教学有效评价的策略研究"主题教研计划:

一、教研主题解读

课堂评价是课堂教学的一个重要组成部分,贯穿于教学活动的每一个环节。课堂评价是指教师对学生在课堂中的学习态度、参与程度、合作态度、思维状况、学习方法、情感熏陶等方面做出的有评价任务、评价标准和评价方式的评价。有效的评价,对学生具有激励表扬、解惑释疑、点拨导向等功能,能激发学生的学习兴趣,改进学生的学习行为,增强学习信心,提高语文素养。本主题是针对中年级语文课堂教学有效评价策略进行的研究。

二、教研主题的提出

随着教学评一致性的深入开展,教师如何进行有效的评价,激发学生的学习激情,从而实现课堂质态的良性循环,使课堂因有效评价而高效精彩,值得教师关注和研究。

目前,教师能关注到评价的作用,但是依然存在以下几个问题:评价形式单一,以教师评价为主,学生自评互评较少或流于形式;评价语言单一,片面理解评价的激励作用,出现大量的廉价笼统的表扬或过分追求评价的量和方式,整个课堂充斥着"真棒、很好、不错",将评价形式化、功利化;评价语言盲目错位,新课标提示要珍视学生独特的感受和体验,但是在课堂中有的学生脱离文本空谈,教师不敢提出批评和指正意见,往往会说"你真会想象!"怕戴了"棒杀"的高帽。因此失误的课堂评价会不利于教学目标的达成,一节成功的语文课,师生、生生间必须有精当的课堂教学评价与其相辅相成、相得益彰,它是教学过程中不可或缺的一个重要组成部分。因此我们提出"提高中年级语文课堂教学有效性评价"的教研主题,希望能从中年级学生的心理发展特点出发,提高自身的评价能力,减少无效评价,学会设计运用有效的评价策略,使评价真正为了促进被评价者的发展,融教师的教学理念、教学经验、教学机智等于一身,展示评价的魅力,让语文课堂评价真正精彩起来。

三、研究目标

通过学习课堂教学评价的相关理论,研究评价指标的导向、评价过程的实施及评价结果的反馈,不断丰富课堂教学有效评价策略的内涵和形式,构建学校有效的课堂教学评价的实施策略。

1. 第一轮磨课,在"评价的预设"上下功夫,在吃透教材与了解学生的基础上多角度做好一节课的评价预设。评价设计优于教学活动设计,让评价指向教学目标的达成。

2. 第二轮磨课,关注学生互评、自评方式,改变以往偏重教师评价,引导学生小组合作学习并积极参与评价,规范学生评价语言和评价角度,如评价学习过程,评价同学的知识掌握和运用能力,评价自身的长处与不足等,以此促进学生个性的健康发展。

3. 第三轮磨课,在预设评价的基础上,提高教师生成性评价能力,将预设性评价与生成性评价相结合，多样的评价方式相互融合，体现学生差异，使课堂充满灵性。

四、教研活动安排

完成时间	活动	具体任务与分工		形成的材料或成果	成果整理	指导
		任务	责任人			
3月15日	商讨教研主题	语文课堂教学中有效性评价的策略探究	郭小杰	本研究团队的教研主题	郭小杰	于竹平
3月19日	完成教研规划	教研计划制定	郭小杰	本研究团队主题教研计划	郭小杰	于竹平
3月26日	学习学教评的相关理论	搜集课堂教学评价的相关资料	郭小杰	理论学习笔记、研讨心得	郭小杰	于竹平
4月5日	第一轮次第一次课例研讨	"评价的预设"集体研讨：评价优先于教学设计，选定课题，进行设计	李芳芳	第一次教学设计、观察量表、观课报告	教学设计：李芳芳 观察量表：邵丽华 观课报告：王丽娜	于竹平
4月11日	第一轮次第二次课例研讨	改进设计，课堂验证，弥补设计不足	郭小杰	第二次教学设计、观察量表、观课报告	教学设计：郭小杰 观察量表：邵丽华 观课报告：李芳芳	于竹平
4月18日	第一轮次第三次课例研讨	再次完善评价的预设，课堂实施，录制视频	王丽娜	第三次教学设计、观察量表、观课报告、议课纪实；第一轮主题教研活动纪实表、研究成果和档案材料	教学设计：王丽娜 观察量表：邵丽华 观课报告：郭小杰 教研纪实、研究成果档案材料：王丽娜	于竹平

4月25日	第二轮次第一次课例研讨	研讨确立课题，在评价预设的基础关注何时让学生自评、互评，学生评价语言的规范	郭小杰	第一次教学设计、观察量表、观课报告	教学设计：郭小杰　观察量表：邵丽华　观课报告：李芳芳	于竹平
5月4日	第二轮次第二次课例研讨	完善，把握自评互评时机，规范指导学生互评自评	王丽娜	第二次教学设计、观察量表、观课报告	教学设计：王丽娜　观察量表：邵丽华　观课报告：郭小杰	于竹平
5月9日	第二轮次第三次课例研讨	再次完善评价的设计，课堂实施，录制视频	李芳芳	第三次教学设计、观察量表、观课报告、议课纪实；第二轮主题教研活动纪实表、研究成果和档案材料	教学设计：李芳芳　观察量表：邵丽华　议课纪实、档案材料：李芳芳	于竹平
5月16日	第三轮次第一次课例研讨	集体研讨确立讲课课题，完成评价预设，注重多元化评价方式融合，归类学习教师课堂评价用语。	邵丽华	第一次教学设计、观察量表、观课报告	教学设计：邵丽华　观察量表：郭小杰　观课报告：李芳芳	于竹平
5月23日	第三轮次第二次课例研讨	完善评价方式，体现多元化评价方式融合	李芳芳	第二次教学设计、观察量表、观课报告	教学设计：李芳芳　观察量表：邵丽华　观课报告：郭小杰	于竹平
6月6日	第三轮次第三次课例研讨	再次完善评价的设计，课堂实施，录制视频	郭小杰	第三次教学设计、观察量表、观课报告、议课纪实；第三轮主题教研活动纪实表、精品视频及第三轮次的研究成果和档案材料	教学设计：郭小杰　观课报告：王丽娜　视频、研究成果和档案材料：郭小杰	于竹平

6月18日	成果总结	总结报告	郭小杰	本研究团队的成果总结报告	研究报告：郭小杰	于竹平

五、保障措施

1. 研究成员积极参加学校组织的各项主题活动培训。

2. 研究团队集中学习、研讨课堂教学评价相关材料，做好读书笔记。

3. 营造团队文化，发挥好团队合作的力量，人人都是头雁，人人都是团队中坚力量。在活动中明确各自职责，各司其职，借助集体的智慧和力量共同发展。

4. 保证研讨时间，严格执行，学校统一部署，利用好每周的集体备课研课时间，扎实推进每一项工作。

（4）设计活动方案

活动方案是教研计划具体实施的蓝本。制定活动方案，要充分体现出教研主题的现实针对性、研究方法和研究形式选择的过程性、可行性，参与人员的专业互动性和分工合作性。我们通常以表格的形式，简洁明了系统地展示活动的组织过程。

主题	
活动时间	
地点	
主持人	
参与人员及分工	
必要性分析	
教研目标	
活动准备	
教研形式	
具体过程设计	
预期效果	
问题及改进措施	

（5）互动对话分享

平等的、富有建设性的对话能够促进有效的协商交流,这种同伴式的互助式学习就是相互激励共同促进的学习。教师通过参与讨论、沙龙会话、头脑风暴等,集聚经验、提升智慧。例如针对如何基于学习目标设计教学问题进行教研时,联盟成员进行充分的对话,寻找设计问题的有效策略。一是扫描"盲区"。就教师容易忽略的教学现象或教学问题,进行梳理,揭示教学关注的"盲区",并深入剖析根源,形成共识;二是透视"细节"。就教师的设计的教学问题进行深层剖析,并采取"头脑风暴"方式,设想教学改进的多种可能性,丰富预案;三是发现"优势"。就成员的教学对话中展示的长处进行归纳提炼,寻找适合自身的教学方式,提升教学自信,并逐渐形成教学特点或教学风格。在此基础上,每位成员基于自身的课堂教学实践经验,重新评估教学活动设计尤其是针学习目标设计的大问题和评价任务的操作性及实效性,重新审视文本解读的节点定位及适切性,重新调整教学活动与教学手段,现场重构具有自身特点的教学活动设计。

（6）寻求理论支撑

目前教师的研究成果,很多是有观点没数据、有数据没理论、有理论没思想、有思想没实践。每个人都有自己的立场和观点,但往往缺乏理论的根据,这就使经验失去了同伴学习和借鉴的共鸣。再好的经验,如果没有理论的支撑,也就没有普遍推广的价值,这种经验只能是一定范围、一段时间、一定情境下的表象。作为教师,不能只满足于备好课、上好课,把教育实践当作经验性的技术活动,而应该学会主动学习理论,选择正确、适合的教育理论,善于用这些教育理论对自己的内在理论进行补充,不断修正、充实、重构自己的内在理论,并积极地将自己掌握的教育理论运用于教育实践,改善自己的教育教学,成为一个自觉的研究者。

例如对小学语文进行主题读写训练的理论依据:

小学语文主题读写,就是以新课标教材的单元主题为主线,以与教材配套的课外读物和与主题相关的经典儿童阅读书籍为载体,将课内阅读与课外阅读有机地结合在一起,将阅读方法由课内习得迁移带课外应用,将习作训练与单元阅读教学紧密结合,培养学生自觉阅读、独立习作、有思考地阅读、有创意地习作以及在阅读文本的过程中自觉寻找有意义主题的习惯,最终使其成为有思想的终身阅读者。

为此,找到的理论依据有:

叶圣陶的语文教学理论。叶圣陶在他的语文教育论集中指出,"语文教材无非是个例子,凭这个例子要使学生能够举一反三,练成阅读和写作的熟练技巧。""阅读是习作的基础。阅读是吸收,习作是表达。""阅读得其方,写作之能亦随而增长。""学生须能读书,须能作文,故特设语文课以训练之。最终目的为:自能读书,不待教师讲;自能作文,不待老师改。老师之训练必做到此两点,乃为教学之成功。"

阅读心理学的相关理论。语文教学心理学的研究表明,阅读和写作是两个不同的心理过程。前者是自外而内的意义吸收,后者是自内而外的思想表达,但这两个心理过程又是可以相互沟通的。

量变与质变的辩证关系理论。量变是事物在原有性质的基础上量的变化,包括数量的增减和构成事物的成分在排列组合上的变化。质变是事物性质的变化,是指事物由一种质态向另一种质态的飞跃,是事物根本性的显著变化。量变是质变的必要准备,是质变的基础和前提,质变是量变的必然结果。事物就是在不断经过"量变—质变—新的量变—新的质变"这样两种状态的循环往复,由低级到高级,由简单到复杂,永不停息向前发展的。

(7)嵌入教学过程

课堂教学研究始终是实施新课程的关注点和兴奋点,始终是课程改革的落脚点和归宿。任何的教学理念、理论和模式都是在教学过程中实验、验证和创新的。学校联盟对教学过程的研讨流程主要是:

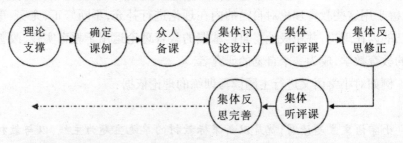

这种方式有助于教师从实践中理解、深化对教育理念的认识,寻求理念与实践的结合。

例如优化数学教学环节的课堂实践研究案例:

一、寻求理论支撑

苏联教育家巴班斯基曾提出"教学过程的最优化",即在一定的教学条件下寻求合理的教学方案,使教师和学生花最少的时间和精力获得最好的教学效果,使学生获得最好的发展。什么是合理的教学方案?

新课程标准提倡数学教学活动应激发学生兴趣,调动学生积极性,引发学生的数学思考,鼓励学生的创造性思维;要注重培养学生良好的数学学习习惯,使学生掌握恰当的数学学习方法。而课堂教学活动是由一个一个的教学环节组成的。教学环节是指根据教学内容的特点分出来的相对独立的教学模块。设计简洁明了、逻辑性强的教学环节,可以让教学活动高效开展,在有限的时间内达到最好的效果。

目前小学数学课堂上普遍存在教学环节重复烦琐、无逻辑性、教师讲授多于学生思考等问题影响着课堂效率。针对该方面问题,学校联盟成员深入课堂实践,不断改进和优化教学环节,形成了有效的策略。

二、确定研究课例

"图形的周长"是青岛版教材二年级下册第十单元的第一课时。这部分内容是在学生初步认识了长方形、正方形、三角形和圆,并且会用直尺测量物体的长度的基础上进行学习的,为日后学习面积的相关知识、区分周长与面积的概念打好伏笔。

本课教学内容较多,有认识图形的一周、分清封闭图形和开放图形、量直边图形的周长、量曲边(或不规则)图形的周长、周长的应用。课堂教学活动琐碎,二年级孩子的注意力不够集中,自律能力差,教师难以组织学生在有限的课堂时间内有效完成各个教学环节。教师根据教材特点和学生的年龄特征,围绕教学目标,进行了教学设计。

三、集体讨论设计

通过讨论,初步计划本节课最初的设计思路是,首先通过创设蚂蚁赛跑的故事情境,引导学生发现"一周",然后通过摸一摸、描一描等教学活动让学生感知"一周",最后通过量一量掌握求图形周长的一般方法。

教学设计中抓住了认识图形周长的第一步是认识图形的一周,也设计了富有童趣的导课环节。

片段节录1:

师:你们猜谁会赢?

生:红蚂蚁。

师:为什么?

生:红蚂蚁跑的路短。

师:你们说公平么?

生:不公平。

师:怎样就公平了?

生:在同一片叶子上比赛。

师:那在同一片叶子上比赛就公平了吗?像这样?(播放课件,一只蚂蚁沿着叶子边缘跑,一只蚂蚁在里圈跑)

生:还是不公平。

师:为什么?

生:因为两只蚂蚁的路线不同。

成员第一次评课:

宋文芳:本课的设计比较新颖,但课堂教学的每个环节详略分配不合理,教学计划的目标未完成。缺乏封闭图形和开放图形的对比。建议将每个环节的处理方法调整一下,另外课前准备工作也是影响一堂课成败的关键。

尚晓燕:在备课时,骆老师对二年级的学生学情欠缺掌握,未考虑学生的已知及兴趣,课前没有提前立好规矩,学生上课秩序混乱,导致教学内容未完成;讲课的口气及教学语言的设计可以再童趣一点,可以激发学生的兴趣。

高文军:环节设置重复、烦冗、拖沓。用手指一指物体面的一周跟用手指一指图形的一周重复;小组合作求图形的周长环节中,小组分配的图形较多,耗费时间过长。低年级的学生自制力不足,设计的环节过多,导致课堂秩序混乱、难以组织、浪费时间。

学具设计操作有障碍,小组四个同学用同一张练习纸,操作不方便,效率低下。建议在考虑教学目标及学情的基础上,对教学设计重新修改。

调整教学设计:

(1)删除重复的环节设计。第一,删掉在同一叶片上赛跑的活动,无意义。第二,摸一摸和描一描有重复,删掉了摸周围物体面的一周这一活动。

第三,本节课分配给每个孩子两个图形来操作还是有点拖沓,将小组4人合作改为2人合作,每人一个图形。

(2)增加童趣的设计:让学生当裁判来判定比赛结果,对黑蚂蚁和红蚂蚁的赛后采访,同桌两人比赛谁的图形周长更长等。

片段节录2:

师:我们赛后来采访一下,左边两个大组的同学当黑蚂蚁,右边两个组的同学当红蚂蚁。红蚂蚁你怎么想的啊?

生(红蚂蚁组):我赢了我很高兴。

生(红蚂蚁组):我感觉这个比赛有点不公平。

师:你是红蚂蚁啊!

生:红蚂蚁和黑蚂蚁的叶片不一样大,黑蚂蚁的大,所以我感觉这场比赛没有意义。

师(给予肯定):你真是个有好品质的孩子,明明都赢了还替黑蚂蚁抱不平。

师:黑蚂蚁们,谁有话想说?

生(黑蚂蚁组):太不公平了,为什么红蚂蚁的叶片小,我的叶片大呢?

师:看来黑蚂蚁和红蚂蚁都不高兴了,为什么不高兴啊?

生:因为不公平,红蚂蚁的叶片小,黑蚂蚁的叶片大。

师:那我们来分析一下,为什么黑蚂蚁这么生气。我们来看一下,黑蚂蚁是怎么走的(多媒体展示,教师边展示边进行适当的讲解)……

成员第二次评课:

修洁:教学设计修改,让整个教学活动的思路变得简洁清晰,过渡自然,不但在规定时间内达成了教学目标,并且学生对知识的学习也比较轻松。(1)删减了重复环节,对设置的情境进行仔细研究,推敲向学生抛出的每一个问题。(2)学生对知识的掌握程度,每一个环节放弃了对环节本身完成度的考虑,而是尽力去理解学生的想法,肯定有价值的想法,纠正有偏差的想法,以期让学生达到顿悟的效果。

程荣珍:(1)将对学生能力的培养贯穿在各个教学环节中,关注了孩子能力的培养,注重增强他们合作的意识,学会取长补短,正视并纠正自己的错误。(2)关注了学生的情感态度价值观,鼓励、肯定多,并且关注到了大部分孩子的情绪变化。

宋文芳:(1)教学语言(描述性语言及评价语言)缺乏准确性、多样性,有待提高。(2)对学生的提问过多,学生的答案都比较单一的情况下可以酌情提问1-2个,提高效率、节省时间。(3)在学生出现思维卡住的情况下,过于执着地希望这个孩子自己理清思路,而忽略了以班级为大局,忽略了大多数孩子的感受,这时最好的办法是再次放给学生,相信他们可以自己解决问题。

四、阶段的共识与结论

经过两次的课堂实践研究,针对数学教学环节的优化形成了以下策略:

(一)明确教学目标,确定各教学环节的目标

在确定各教学环节目标时,分配好详略及时间,比如本课着重让学生理解周长,并能测量简单图形的周长,因此,认识一周和用特殊方法求周长就要适当缩减教学环节的时间。本课在第一次授课时教学目标只完成了一半,在进行到测量圆及不规则图形的周长时便结束,而删减了教学活动之后的第二次授课,花费38分钟结束授课,并给学生留白,思考自己的收获。

(二)根据环节目标,设计简明易操作的教学活动

每个环节的教学活动一定要围绕环节目标设计,突出学习目标,简化烦琐的过程。比如本课在让学生动手操作,测量简单图形的周长时,在第一次授课中,为了达成学习目标,小组测量四个图形,但是小组在合作时,毫无章法,组员之间的互动“脱离”了课堂,主要是由于教师不清楚测量周长需要自主思考这一目标,仅仅为了合作而合作,设计的学具可操作性也不强,于是第二次授课改进了学具,将小组四人合作改为二人合作,每个孩子根据自己喜好选择一个图形,比较自己与同桌所分得图形的周长哪个更长,这种竞赛性质的活动,容易激发学生的兴趣,更积极地投入到思考中去。

(三)根据总体教学目标,整合融汇各教学环节

环节之间的衔接是影响整节课效率的关键部分,衔接自然会让学生的自主学习一气呵成,有力推动了教学目标的达成。

1. 设计严谨有效的问题链

以问题作为出发点,由问题引出问题,引导学生自己发现问题,提出问题,才有动力去分析问题解决问题。由问题引导每个教学环节的进行,是较有效的教学策略。

2. 进行简明扼要的小结

在进行每个新的教学环节前,一定要对上一教学环节进行总结,让学生

清楚自己探究的是什么,得到了什么结论,才能在此基础上顺畅地进行下一环节的活动。

(育才小学 骆菁菁)

（8）提升成果

从教研活动的生态性看,一次教研活动主题研究的延续和拓展,试图通过一次活动就能解决问题是不切合实际的,要达到更新教育观念、改进教学行为的目的,需要坚持对教研主题进行多方位持续研究。因此,成功的教研活动并不是结束于活动的结束,而是开始于活动的结束,它可以是大主题下的小专题的深入"剥笋",也可以是对与之相关联问题的横向拓展研究。

教师在研究过程中积累和生成了很多的成果:一是大量鲜活的教育故事、课例、操作材料;二是从具体的案例、操作细节中提炼出来的若干实践活动样式、模型;三是统领着整个课程开发、教学研究过程的主导思想。只有将以上三者构成一个整体,突出教学研究中思维方式和行动方式的内在统一,才能使研究成果具有生机和活力,成为可供借鉴和学习的资源。

首先要加强对教研成果的总结。其要求是:一是严谨的科学态度。准确、恰当地反映教研成果,不能凭主观臆断下结论;二是严肃的求实精神。对成果撰写的全过程要贯穿求实精神;三是严密的逻辑思维。具有逻辑性是撰写成果的最起码要求,必须具备严密的逻辑思维能力;四是严格的语言规范。必须使用规范的学术语言,具有朴实的文风。

其次是对教研成果进行提升。有价值的提升主要是将教育事实和经验提高到理论层次。这个过程是:呈现教育事实——确定核心概念——提出命题与假设——表述新的理论。理论形成的示意图如下:

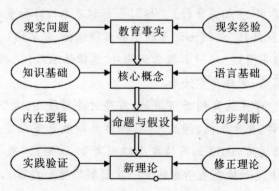

一项成果是否上升为理论，其标志为：一是提出了新的教育理论；二是发现了教育过程的新事实，提出了新的观点和新见解，或对原有的事实做出了新的解释；三是在实践基础上，对原有成果提出了新的例证、补充或修正；四是提供了教育工作中的新方法，或者从实质上改进了原有方法。

例如凤城小学学评教联动教学的学习策略：

当前学本课堂中存在的深层次的问题，例如，目标与教学活动不一致，特别是目标缺少价值引领，学生不知课堂要学什么；学习任务不明确，问题琐碎，学生不知道怎样抓住关键问题去学习；学习评价标准不具体，教师为了评价而评价，学生不知自己学会了多少。凤城小学针对这些问题进行分析研究后，认为：首先，教师教学评一致性的理念，在课堂教学中还没有真正的落实，教师还只是停留在浅层次的互动中，学生的思维还不够积极活跃；其次，课堂教学中学、评、教三个要素之间还没有真正联动起来，学生的学不能成为其他学生学习的优势资源，师生评价还没有引发深层次的学习，教师选择的教学策略匹配性不强导致学与教缺少有效互动等等。为此，要真正地引发学生的深度学习，就要重新认识学生的新发展，让学生依托学科学习形成良好学习品质和道德品质。其策略有：

导学主持。由教师或学生负责对课堂学习活动的主持和组织，适时进行提问、讲解、引导、启发、点拨、纠偏和评价。主持人举止自然大方，语言简洁富有条理，声音洪亮清晰。小组分工明确，合作有效，交流有序，讨论热烈。展示时间合理，点评有理有据，质疑、解释、辩论等组际互动活动适度。

自主学习。学生明确自学的内容、方法、要求（或标准）和时间等，在师生指导下进行自学（包括预习和复习），自觉运用"读"（如读所学内容）、"查"（如查工具书、查相关资料）、"标"（如标识基本内容和重点内容）、"注"（如做注解、做批注）、"记"（如记录疑问和心得体会、做笔记）、"画"（如画知识结构图、思维导图）、"练"（如做尝试练习、选择性练习）、"研"（如探究、做实验）等自学策略，完成自学任务。

多维互动。学生认真倾听与讲解，有序讨论与展示，大胆质疑与解答，主动辩论与点评，生生之间、师生之间、组际之间展开多维度、多形式、多层面的互动，灵活运用"议"（如同位或小组间商量、议论）、"展"（如展示小组学习成果）、"猜"（如猜测展示者的下一步讲解思路和内容）、"评"（如点评小组学习成果）、"疑"（如提出质疑或不同观点）、"答"（如对质疑进行回答、解释)、"辩"(如对不同观点进行辩论)、"问"(如追问更深层次的原因、更多的可能性、更新的想法)、"结"(如达成共识、得出结论)等互动策略,完成展示任务。

实践应用。通过习作、板演、实验、表演等各种形式的练习(如尝试练习、巩固练习、拓展练习、综合练习、创意练习),应用所学知识与技能。积极主动地参与仿题、改题、编题等训练,发展高级思维能力。认真参与当堂检测,检测学习目标的达成度。有意识地采用"讲"(如讲解、复述、描绘)、"写"(如默写、扩写、缩写、改写、写作文)、"做"(如做习题、做实验、做手工)、"编"(如编儿歌、编习题、编剧本、编程序)、"演"(如演示、表演、唱歌)、"赏"(如赏析诗词、评论书画)、"教"(如学生互教、小先生讲课)、"创"(如设计、绘制、创作)等应用策略,完成练习任务。

达标自评。对照学习目标和评价标准,对学习任务的完成情况进行自我评价,运用知识树、思维导图等形式总结课堂学习收获和不足,整理包括重点、难点、关键点(或基本题、重点题、典型题)以及易错点、易混点、易漏点等在内的知识体系,归纳所学内容并进行分类,追究问题产生的根源,揭示基本规律、解题思路和学科思想,省悟所学知识中蕴含的道理、志趣和方法等,在深度反思的基础上畅谈得失、感悟和认识。有选择性地将"思"(反思)、"结"(总结)、"理"(整理)、"归"(归纳)、"究"(追究)、"揭"(揭示)、"悟"(感悟)、"谈"(畅谈)等省悟策略落到实处,完成自评任务。

5. 评价反馈

对一个专题研究了一个阶段后,需要集思广益,把"怎样改进更好"作为中心话题,让成员分享研究成果,变一个人的经验成为共同财富,使一个人的教训成为共同的警觉,化一个人的困惑为共同课题。

教研活动结束后,学校联盟教师发展指导中心需要向教师征求意见和建议,以便了解教研实效,改进以后的教研活动。我们设计了一下反馈表:

专题教研活动意见反馈表

研究团队:＿＿＿＿＿＿＿＿＿　　　姓名:＿＿＿＿＿＿＿＿＿

研讨专题		
活动时段		
流程规划		

铺垫热身	
主体活动	
后续跟进	
研讨结论和分歧	
效果分析	

三、教研形式

我们曾对联盟学校的校本教研形式进行了问卷调查,调查结果如下:

形式 \ 单位比例	育才小学	亚沙城小学	凤城小学
学科组	94	32	56
全校	3	14	14
同年级同学科	3	28	30
专家、教研人员	0	3	0
外出学习	0	9	0
个人自主	0	14	0
区域内学校学科组	0	0	0

从上表中我们可以看出三所学校的教研活动主要是分学科进行的以校为单位和以年级为单位的教研,因为这些教研形式组织起来便捷,教师之间彼此熟悉,容易相互交流合作。但年复一年的单调形式,使教师疲于应付,甚至产生抵触心理。而且,组织内成员的个性化资源对其他老师也慢慢失去了吸引力,视觉疲劳产生心理的疲劳,直接影响到教研行为的积极主动性。同样,没有校外学科组的教研活动,也就没有更大更高的平台激发教师教研的积极性。

因此学校联盟力求在实践中不断创新教研形式,让教师在每次活动中都能积极参与,都能有所成长。根据教研的实际问题,我们主要采取了以下几种教研形式:

（一）网络教研

21世纪是人类社会全面进入以网络为主要特征的信息化时代,网络越来越多地走入并影响着人们的工作和生活。对网络的需求,尤其是广大教师,已经不仅仅限于曾经的线上聊天、打游戏、查找共享资源、收发电子邮件等一般性的功能,进行即时的在线研讨,与专家进行点对点的零距离交流以及和全国各地教育同仁就教育教学问题进行深入切磋已经成为教师网友群体共同的需求。与此同时,伴随着新课程的推进,广大一线教师需要大量的专业支持,单靠以往的这种人对人、面对面的"物理"形态的教研工作方式,已经远远不能满足教师发展的需求。

网络研讨是联盟学校教师最能够广泛参与的一种教研形式,它是教师针对自己教学过程中的具体问题,寻求同伴帮助解决或是作为案例提供给他人反思的教研方式。作为这种自组织的教研方式,因为形式自由、解决问题效率高、共研对象的不确定性、具有新鲜的问题情境等,能激发教师即时性、情境化研讨的热情。

网络教研下问题解决策略的过程如下:

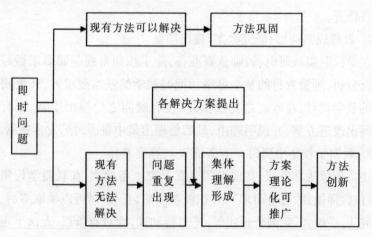

从上图可见,网络研修的实践走向是"共享问题——协同解决——研究共同体"。

一是即时性的网络研讨。教师把自己教学中的问题、困惑及时发在网站、QQ群、讨论组中,其他人帮助解答,不能解答的,由联盟学校内的分管领导组织相关教师,确定网上研讨时间,集中进行讨论。例如2016年2月4日晚,我们共有20位成员围绕"如何提高学生课外阅读兴趣"这个问题,畅所欲言，各抒己见。研讨前先指定问题提出者为主发言人，参与教师围绕问题展开谈论，集思广益，确定解决问题的策略；确定一位主持人，维持发言秩序，提醒大家应注意的问题；一位整理人员，负责将研讨的重要内容整理下来，形成比较完整的研究成果。

二是专题性的网络研讨。我们在海阳教研平台的"学科教研"专栏，开辟了联盟学校集体备课活动空间，不仅及时上传研讨资料，而且根据不同的研讨主题，专门发帖，让教师进行充分的思考和交流，同时对相关话题做深入而持久的研究。

（二）备课研讨

备课研讨作为最常见和最基本的教研形式，学校联盟重点抓好了以下活动环节：

1. 联盟学校轮流主备：充分预设、确保质量

学校联盟教师发展指导中心确定好研讨主题和研讨主体后，由各联盟学校轮流承担主备任务。主备学校在学校联盟教研前两周完成教案初稿，并通过区域电子备课系统，上传给其他联盟成员，主备学校承担研讨时的中心发言任务。

2. 教师成熟构思：研究教案、提出质疑

在学校联盟教研时，教师认真准备，除了按照常规备课要求做好学生基本情况分析、理清教材的基本思路和把握教学的基本要求外，还要研究主备教师的教学设计，在欣赏之处加批注，在有疑问之处提出质疑，在有分歧的地方写出改进方案，并说明理由，最后整理出集中备课时的发言提纲。

3. 联盟学校集中研讨："有备而来"、尊重差异

主备教师认真备课，其他教师认真研究主备教案，在联盟学校集中研讨时，每位教师做到"有备而来"，并积极参与研讨。研讨可以采取多种方式，除了提问式、讲授式、案例分析式等，还有行动式，即对有争议、无法下定论的问题，可以在使用该教案时开设研讨课，用同课异构的方法来探讨各自的利弊。

研讨时，教师还从教学目标的确定、教学材料的准备、教学过程的组织、教学手段的选择等具体环节谈个人的理解和把握，通过分析不同学情、研究不同对策、确定同一知识点在不同班级、不同教师风格下的不同学法与教法。

4. 形成特色教学案：课后反思、个性处理

完整的集体备课过程还应注重课后反思，包括是否对教材进行了创造

性的处理,教学中是否有非常精彩的环节,学生是否有独到的见解,教学设计是否符合本班学生的实际等等。还可以在此基础上以课例分析的方式进行反思,即通过文字、录像和课堂观察等方式,选择有一定代表性的课例进行二轮研讨,在研讨分析的基础上,再由教师本人补充相关材料,最终形成具有个性特色的精品教案。

(三)课例研讨

中小学教师的教研成果是否有效,关键是看其课堂。一方面,要看教师的教研成果与思想是否体现于课堂之中;另一方面,要看教师是否带着问题研究的意识进行教学,一边教学一边发现问题,然后发挥教学机智,研究问题、解决问题。这样,不仅使问题得到妥善的处理,而且也使教师的研究能力得到锻炼,还可以从中培养出新的教研因子。只有对课堂教学进行深入研究,才是教学研究的本义所在。

1. 课例研究的特征

课例研究始于20世纪60年代的日本中小学,是充分发挥群体的智慧和力量,把教育教学中遇到的真实问题扎扎实实地在教育教学过程中以课例研究的方式予以彻底解决,从而使参与课例研究的教师群体在这种问题解决的过程中都能实现专业的持续成长。其特点有三个:一是主题性。课例研究是立足教师群体在教育教学中存在的普遍问题进行研究,并且以该问题统领整个研究过程;二是持续性。课例研究是对研究的主题进行跟踪研究,并且对研究过程中产生的新问题进行再研究、再实践。因此,课例研究过程中的研究环节之后常常还会有针对同一教学内容进行反复几次的施教,而且每一次的施教都不是简单的重复,而是对所关注问题的深入认识和针对问题的进一步改善。三是实效性。课例研究是对问题达到改进的效果,其最终目的是形成解决策略,因此,课例研究既是一个研究的过程,也是一个实践改进的过程。

由此可见,课例研究追求的是教师终身研究的学习状态。每一次课例研究得出的结论与结果都是一个研究阶段的认识与总结,而永远不会是终极成果或结论。即便是同样的主题,由不同的教师或是在不同的班级研究,都会遇到新的问题。而新问题的逐步解决,总在不同程度地丰富和发展原有的认识和结论,同时每次课例研究留下的或多或少的遗憾与美中不足都会成为教师向更广阔空间拓展和向更深层次研究的动力和理由。因此,课例研究始终处于一种未完成状态,教师也永远处于学习研究的状态。

2. 课例研究的形态

学校联盟主要采用多人同课循环的课例研究方式。多人同课循环,即"同一内容＋不同教师＋轮换改进"。不同的教师执教同一教学内容,基于充分的研究进行"接力赛"式的教学改进直至达到满意的教学效果。根据研究团队成员不同的能力特点,一个主题的教研活动一般经历"三次备课三次研讨"的过程:

第一阶段:原行为试课——关注自我经验

由第一人(一般是刚入职的教师)不看任何参考书与文献,全按个人见解试课后进行教研团队的议课活动,通过寻找自身与他人的差距,引发对教学理念的反思。

第二阶段:新设计试课——关注同伴见解

由第二人(一般是有一定教学经验的青年教师)在广泛涉猎各类文资料和吸取团队成员思维碰撞后形成的改进策略的基础上,修改方案后进行试课,通过寻新设计与现实的差距,引发对教学行为的反思。

第三阶段:新行为试课——关注学生变化

由第三人(一般是学科骨干)在新理念的指导下,通过教学行为的改进设计新课,引发对教师专业成长的反思。

(四)教学风格展示

基于"教师个性化教学风格"的课堂展示活动,是在"名师引领、同伴互助、反思提升"的策略下,实现教学风格的特色化,其基本环节是:

1. 自我追问。教师从教学的艺术性、教学的创造性、教学的实效性、心理品质的稳定性等方面,对自己的教学风格进行分析,总结出最为突出的个性特点。例如,育才小学刘欣桐主任的"过程扎实、方法灵活、注重阅读、发展能力"、朱吴一小姜俊丽老师 的"大气、才气、灵气、和气"等。

2. 风格论证。学校联盟教师发展中心帮助教师进一步理清教学特点,并指导教师寻找支撑自己教学理念的理论支撑,深入地学习和吸收,用以丰厚自己的理论。

3. 行为跟进

(1)名师引领

名师的课堂都是基于共性的个性化展示,抓住这些共性特点和个性特点,能引领教师把准课堂教学的研究方向和个人教学风格的成长方向相结合。我们曾组织教师研究了江苏省首届"苏派名师"课堂教学展示的教学录像:孙双金老师在《儿童论语》课外阅读课上展示出从容、自如、大气和勤勉,钱爱萍老师在《鞋匠的儿子》一课上展示出优雅、从容、本真、简约,唐江澎老师则用他富有磁性的演讲语言,用他富有魅力的语文表达,在《白发的期盼》一课上表现出从容不迫和高雅气质,这些大师尽管风格各不相同,但又都展示出"苏派名师"的大气和从容。近几年,我们还邀请到了全国著名语文教师支玉恒、于永正、山东省著名课改校长李升勇等到育才小学讲学,联盟学校教师共同研讨了他们的教学风格,并在自己的课堂教学中磨砺自身。

(2)同伴互助

教师经历了备课、上课、研讨后,在同伴的帮助下进一步修改完善,通过不断的追问,解决课堂教学中的细节问题。

(3)反思提升

不同的学校,尽管教学思想有差异,评价标准有差异,但正是这种差异性激发了联盟学校教师教研的兴趣。在课堂展示中,我们更注重了求同存异。例如,中年教师教学模式已趋固化和稳定,青年教师尚在探索中,具有很大的可塑性和创新性。优化的教学模式、本我的教学模式、创生的教学模式,在学校联盟的展示活动中,会不断优化、强化、辐射、影响。教师在研讨中首先认识到了,课堂教学应该遵循一定的教学模式,一切教学模式的出发点和落脚点都归因于学生,在选择教学模式时必须符合学生的认知发展水平,然后结合自己的学科教学,从没有一定的模式到创新模式再到自如地运用最优化的模式。例如,小学英语的"录音发散式"教学,是一种基于课本录音条件下的课堂教学模式,联盟学校的英语教师共同研讨后达成共识,即师生在进行简短的互动后,快速进入文本录音的模仿与学习,在模仿中感知异国文化,在操练语境下尽快学以致用,最后结合自己的风格进行师本化、班本化的提升。

(五)读书沙龙

"沙龙"是法语Salon一词的译音,原指法国上层人物住宅中的豪华会客厅。进出者志趣相投,欢聚一堂,就共同感兴趣的各种问题自由谈论、各抒己见。其特点是定期举行、人数不多、自愿结合。沙龙活动作为一种由教师自发参与、自我管理、自主展开教育教学研究的教研形式,具有思想开放性和组织松散性的特点,它能汇聚各种教学智慧,营造出教师学习、钻研的良好氛围,让参与者的思考和探索成为生活常态。

读书沙龙是相对于讲座的一种更轻松活泼的书友交流聚会方式。学校联盟的读书沙龙活动,是为联盟成员搭建一个自由、宽松的读研写交流平台。主要开展以教学研究为导向的深度阅读活动,通过专业引领和活动策划,促进成员教、读、写能力的提升。

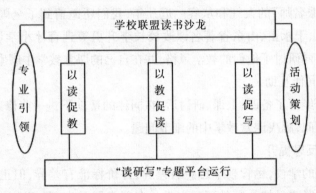

例如,我们以教研主题为内容展开深度阅读,让教师阅读相关的文献资料,为问题解决的策略寻找科学依据,并超越简单的经验积累和原有的思维方式。为此,学校联盟教师发展指导中心策划了诸如"读专著谈体会"的经验交流会、"我与专家有约"的反思研讨会、"名著伴我成长"的案例剖析会等活动。

四、学校联盟教研的管理评价

任何事物都是在变化中寻求适应的,学校联盟也是如此。学校联盟教研既然是成就人与发展人的价值引导过程,就应当致力于组织的和谐发展,对学校管理形式不断变革,使之适应不断变化发展的学校需求。没有永恒的管理评价方式,更没有一成不变的管理评价内容,学校联盟要做的,就是不断调适自我,无限贴近教师的发展基础,让教师的生命因尊重而自励,因发展而感受到职业的幸福。

(一)学校联盟教研的管理策略

1. 教研制度的制定

(1)学校联盟教研制度的形成应该以所有教师的平等参与为出发点,注重制度形成的民主性。通过发放教研需求调查问卷、联盟教研意见公告、走访座谈等形式,广泛征集教师对学校联盟教研制度建设的意见,在集思广益的基础上,"自下而上"形成学校联盟教研制度,要根据校情、师情体现出教研制度的适切性、平等性和人文性、激励性,避免将教师人为分层"定性"。

(2)学校联盟教研在实施过程中要以教师平等发展为本,注重教研制度实施过程中的灵活性。制定学校联盟教研制度的目的在于保证实现联盟教研效能的最优化,教研制度的实施过于僵化,必然会使教师陷于教研的套路中,限制教研成果的多样可能性。这就要求教研制度在执行的过程中,要有针对性地给不同学校、不同年龄段、不同能力的教师相应的教研弹性空间。要允许教师个人对教研的探索,提倡他们在适度的范围内运用不同的教研方法、教研思路进行尝试,允许青年教师在教研成长过程中走一些弯路。

(3)学校联盟教研制度在实施结果上要以各校教师的专业发展为导向,注重教研结果的长效性。联盟教研最终要达到的目的是教师的专业发展和学校教育教学的变革,因此,学校联盟可以有针对性地根据联盟学校的不同特点,为教师量身定制培训方案,为教研结果的推广和应用搭建平台,并建立成果表彰制度。

(4)学校联盟教研制度在教研方法上要引发教师合作教研的自觉性。学校联盟教研实质是为改变教学的研究行动。教师的教研能力都是在教研行动中动态生成的,在教研实践活动中,学会教学、学会研究、学会合作是教师必须经历的规律性历程。

2. 教研机制的引领

学校联盟教研机制主要是分布式领导的方式,走向分布式课程领导不是教师个人的行为,它需要团队的合作,在合作中慢慢形成引领的机制。民主的机制,才有可能实现分布式课程领导。

(1)轮值主持

"轮值主持"制度的出现进一步打破了组长与组员之间的隔阂,组员参与活动的热情得到激发,更重要的是组员在轮值主持的过程中学会了换位思考,全面思考,学会了如何开展有自己特色的教研活动,学会承担责任。目前,各研究团队的轮值主持以一个主题为一轮次,一个轮次期间,要制定本主题的教研计划、设计主题教研活动方案,承担主发言人的任务,进行本主题教研活动总结和教研成果的整理提升。分布式课程领导不仅让组员在专业领域形成话语权,也在领导能力方面得到发展。

（2）教研公约

我们这里所说的教研公约并非是对每一位组员的纪律约束，它不是由学校领导制定的规章制度，虽然那些也是必要的。它是各研究团队在分布式领导这一理念的引领下，组员之间的想法与做法经过不断磨合、不断调整，慢慢形成的一种共识与约定，它是教研团队文化的重要组成部分，是得到每一位老师认同的。例如公约中规定，每一位教师都是平等的，无论新老，资历深浅，都是合作者，亦是同伴；懂得欣赏每一位教师，相信他人身上总有一个或几个亮点值得让你点赞；相信自己可以成为教研活动某方面的领导者，并为之努力不止；同时，也要做一个好的追随者，彼此支持，彼此分享；尊重教师研究的自主性和独立性，讨论或是争论，都主张平等对话，倾听彼此；教研活动是一场专业切磋，不是盲从，每一次活动都是思维的碰撞、智慧的激发；在任务面前，不是推诿，不是害怕，而是相信团队的力量，也服从团队的安排，为共同的目标而拼尽全力。

教研公约引领教师走向教研自由，激发教研激情，教师的智慧得以充分的发挥。

（二）学校联盟教研的评价策略

学校联盟教研的评价，是以激发教师专业发展的理性自觉为评价的指导思想，以教师制定适合自身的专业发展目标和计划、选择自身需要的研修内容、立足课堂发现问题、解决问题的能力、监控自身专业发展过程的效果、评价自身专业发展结果的客观公正性作为评价的重要内容。

1. 评价的基本程序

学校联盟在制定以组织目标为核心的评价标准体系基础上，规范评价的过程，让教师明确个人发展目标，注重日常工作的积累，最大限度地发挥主观能动性和创造性。

（1）明确评价标准：在每学年初，向成员作评价标准、考核方法的说明。

（2）积累评价材料：根据评价的办法，所有成果都必须有相应的证书、实绩或其他材料作为证明，因此平时的工作都应在评价指标的导向下进行，为年度评价考核积累材料。

（3）个人自评等级：在学年末，个人可以对照学校联盟教研评价标准自评等级。

（4）个人汇报：教研过程中，研究人员要定期向全体成员汇报研究过程、方法、阶段成果,由学校联盟教师发展评价中心和全体成员做出评价。

（5）评价结果公示:根据评价标准,按照各学校参与教研的成员人数确定各等次比例,对于研究效果明显的学校,适当增加优秀等次的人数。

2.评价的基本内容

学校联盟对成员教研情况的评价,从目标上是为了促进教师和学生的发展、解决制约学校发展的问题而进行的管理行为;从内容上看,是突出联盟组织发展的力量和联盟成员共同取得的成效。因此,学校联盟教研的评价,必须服从于各学校的发展目标和管理目标,不能与学校的发展方向相左、与管理目标背道而驰。

（1）对个人教研的评价

教师个人发展的基础和阶段性的发展目标存在差异,评价的内容理应也存在差异,但无论差别多大,都必须努力减少教研和实践"两张皮"的现象,即减少只有研究而缺乏成效的虚假教研对教师专业发展的误导。因此评价内容强化教研成绩,突出教学实绩,兼顾科研成效。

一级指标		二级指标	权重	自评	审评	备注
教研文化20分	1	具有自我成长、自我实现、自我超越的愿望	5			
	2	具有积极学习、合作、共享、反思、创新的意识	5			
	3	能与联盟成员积极交流、合作、分享,关系融洽	5			
	4	会观察,能发现问题,具有解决问题的意识	5			
教研内容20分	5	相关的教育教学理论、教育学心理学知识、本学科教学所需知识、本学科前沿的教学思想和理论、教育科学研究的理论与方法等	20			
教研过程30分	6	能通过多种渠道学习知识	5			
	7	有效的知识获取方式	5			
	8	改变心智模型,有效表达自己的想法	5			
	9	能将研究成果自觉运用教学实践,并加以验证和重新发现问题	15			

教研 成果 30分	10	有外显的成果标志(课题研究、优质课、发表论文、教学成果奖励等)	10			
	11	协助团队形成教育资源	5			
	12	改变教学思想、改进教学行为	5			
	13	形成个性化的教学风格	10			

（2）对教研团队的评价

学校联盟教研在加强对成员个人评价的同时,还要加强对教研团队的评价。

一级 指标		二级指标	权重	自评	审评	备注
团队 文化 建设 20分	1	有先进的学科教学理念,在团队成员中有高度的认同感。	5			
	2	团队中有骨干教师示范引领,有学习交流平台和资料积累。	5			
	3	团队成员有良好的职业道德,有奉献精神。	5			
	4	教学研究氛围浓厚,团队骨干善于协调、调动成员积极性。	5			
常规 工作 35分	5	有特色主题建设行动研究方案和阶段目标达成计划,阶段研究主题目标明确,内容翔实,突出问题解决的计划性和实效性。	5			
	6	团队成员均能较好完成学校教学常规工作	5			
	7	教研活动具有主题,计划性、针对性强,组员主动积极参加研讨活动,有过程性记录。	5			
	8	重视各层次学生的辅导工作,有学法指导的举措和成效。	5			
	9	积极开展主题式学习研讨,每位成员担任一次主题学习的主讲。	5			
	10	积极参加各级教学研讨活动,每位成员听课不少于15节,并且有主题评课内容。	5			
	11	每位成员围绕教学主张,至少设计和执教一堂有质量的教学研究课。	5			

教学 研究 15分	12	研究团队有研究课题，强化"问题"即课题的意识，每学年有一次学校联盟内的主题论坛展示。	5			
	13	团队成员能基于主张、学科特点和学生需求，开发校本课程或设计若干课时的微课。	5			
	14	积极承担或参与市、区级各类培训与研讨活动，有具体措施，成效显著。	5			
研究 成果 30分	15	团队研究成果在市级以上成果评选中获奖，成员研究成果在市级以上报刊发表。	5			
	16	成员承担市级或以上研讨课教学任务，或在市级以上课堂教学评比中获奖。	5			
	17	成员开发的校本教材在市级及以上教材评比中获奖。	5			
	18	团队成员在各级教师技能比赛中取得优异成绩，或获评岗位能手等荣誉。	5			
	19	能指导学生开展各种技能竞赛或组织课外活动取得优异成绩或产生区域影响。	5			
	20	研究团队在某方面形成鲜明特色，承担市级或以上特色展示，经验辐射效果显著	5			

（3）对教研活动的评价

对教研活动的评价应包括三个维度：活动效率、活动效益和活动效果。

所谓效率，是指本次活动有效的研讨时间占总的花费时间的比值，当总的时间相对固定时，有效的研讨时间越多，则活动效率越高，反之效率就低，所以通俗地讲，"效率"实际上是教研活动的时间利用问题，它要求紧凑不拖沓。活动效益是指教研活动的收益，也就是教研活动的价值实现，即活动的预期目的同教师的实际需求是否吻合的程度。而教研活动的效果则是指活动的结果与预期目标的吻合程度，显然，只有通过仔细认真的过程反思，才有可能对"吻合程度"做出判断。两个"吻合程度"是有差异的，前者与教研活动的目标调整有关，通过评估对原教研活动方案的修改完善；后者是将活动结束后实际取得的影响或成果与既定目标进行对比，判断其有效性，不涉及对目标的调整。

教研活动的有效性评估，基本方式是系统的自我反思，而不是简单的现象罗列。主要从活动的关键环节展开，广泛听取教师的感受，观察教师实际的课堂教学等以获取评估的原生态材料,通过个人思考、集体反思、分析梳理、形成判断,同时酝酿下一轮教研活动的主题。

3. 评价方式

教师身心的自由和愉悦是教师从事联盟教研的前提和基础,也是教师专业成长的前提和基础。只有采用客观、公正的评价方式,才能引导教师走在幸福的教研之路上。

(1)自评与外部评价相结合

加强教师对自我教研效能的评价,不仅是学校联盟实施民主管理的工作形式,更是将学校的教研目标具体为一种要求、一种发展的引导,让教师加强自我过程管理的行为。通过对评价指标的对照,教师发现自身的优势和不足,不断修订自我规划,缩短与学校教研要求之间的差距。

学校联盟每一学年都要对教师的教研成果进行认定并实施奖励,旨在通过评选发现一批具有推广价值、能推进课堂教学改革纵深发展、改变目前单一的教与学方式、提高育人质量的优秀成果。学校联盟借对优秀成果的表彰,鼓励更多教师致力于课堂教学的研究,用科研方式提高工作效能,探索一条行之有效的创新之路。

(2)终结性评价与过程性评价、发展性评价相结合

①过程性评价

因为学校联盟教研是一种"草根 + 专业"的工作方式,联盟成员平时分散在各自的学校实施教研,所以,学校联盟很难进行随时的、全面的观察,也就无法做出客观公正的评价。越是如此,越要加强教研活动的过程性评价,否则,学校联盟教研活动或是效率不高,或是流于形式。我们建立了联盟学校教研活动过程性评价制度,即定期组织研究人员面向全体成员汇报研究过程、研究方法、研究成果,以规范管理、扎实研究、推广成果。

学校联盟教研过程性评价制度

为解决当前教学研究中存在的重复性研究、虚假性研究、功利性研究等现象,加强对联盟成员研究内容的有效调控、研究过程的有效监督、研究成果的有效转化,特制定联盟学校教研过程性评价制度,即研究人员要定期面向全体成员汇报研究过程、研究方法、研究成果,以对成员的过程性研究做出客观、公正的评价。

一、申请汇报

承担研究任务的成员要根据研究进度,在研究的中期和后期阶段向学校联盟教师发展中心提出汇报申请,然后集中时间,面向所有成员汇报交流研究情况。

二、汇报内容

(一)研究过程

即本阶段研究的进展情况。面向全体成员汇报,研究者要真实地展示自己的研究过程,并将自己研究过程中的所做所思呈现出来,以真研究解决真问题,杜绝教学研究没有过程只有结果的虚假研究。

(二)研究方法

研究者向成员展示研究方法,并说明研究的阶段性目标、采取的措施、运用的方法、存在的问题及解决策略等。

(三)研究成果

即本阶段研究取得的成果,如调查报告、发表的论文、教育教学行为改进、学生学习状态的变化等。

(四)总结反思

即汇报本阶段研究体会和下阶段研究方向及措施等。

三、汇报形式

(一)全员参与

研究成员均要参加汇报,陈述自己承担的研究任务及完成情况。

(二)直观展示

汇报过程中研究人员要直观地展示研究资料和成果,如图片、视频等,以呈现真实的研究依据,尤其是运用数据分析和前后对比等方法使研究结论更加科学、准确。

四、汇报评价

(一)学校联盟教师发展评价中心评价

根据评价标准,学校联盟教师发展评价中心对各成员的研究情况进行点评,提出研究建议。

(二)成员评价

根据评价标准,联盟成员对各成员的研究情况做出评价,并与研究成员互动交流,提出疑问或建议。

五、改进深化

研究成员根据他人评价情况，进行客观反思，对存在的问题制定解决策略，并做好下阶段的研究规划。

学校联盟教师发展评价中心
2015 年 2 月

②终结性评价

学校联盟采用档案袋评价机制、学员评价奖励机制来对成员进行考核评价。建立档案袋评价机制，就是要求成员将自我发展规划、教学设计、各种原始数据信息资料、教学研究、写作体验以及各类评价放入档案袋，这些资料成为成员反思和解决问题的资源库。同时，同伴以及管理者也可以阅读成员的档案袋，从中获得启发。成员评价奖励机制是根据一定的实绩进行评价奖励，把绩效责任与专业发展更好地结合起来。例如：

学校联盟"教研之星"评选办法

为提高学校联盟成员教育教学研究水平，促进教师专业素质全面提升，营造浓厚的教研氛围，制定学校联盟"教研之星"评选办法。

一．评选范围：

学校联盟所有成员

二．评选时间：

每年六月底进行

三．评选办法

采取分项积分、集体评议相结合的办法。

四．奖励

按照最后得分，前 30% 为优秀，剩下的 50% 为良好。评为优秀的成员奖励专业素养类的图书。各位成员的考核结果在学校考核中予以体现。

五．积分办法

（一）下列各项按照参加次数及获奖情况累计计分

内容	县	市	省及以上
公开课	5	10	20
优质课	10	30	40
获奖论文	2	3	4
发表论文、课件	3	5	10
课题研究	5	20	30
读书活动	3	5	10
辅导学生活动	3	10	20
辅导学生征文	1	2	3
教师经验交流	20	30	50
教师特长比赛	3	4	5
教研团队获奖	5	10	20
参与联盟教研获奖	3	5	10

（二）下列各项按照数量、质量分等计分。

1. 是学校承担的市、省级课题研究、实验人员，能积极参加活动，按时完成分工任务，前 1/3 奖 5 分，其他人员奖 3 分。

2. 能坚持读书，根据读书笔记数量和质量（看是否与教师专业素质发展有关）前 1/3 奖 5 分，其他人员奖 2 分。

3. 每年能读五本教育专著，写五篇读书心得奖 5 分。

4. 每年能研究一位名师，阅读名师的文章，看名师的教学录像，根据听课记录和教师座谈情况奖 5 分。

5. 每写一篇教学随笔或教育、教学案例分析等奖 1 分。

6. 每听一节课奖 0.5 分。

7. 积极参与各类教研活动。根据教师评议前 1/3 奖 5 分，其他奖 3 分。

说明：

1. 教师特长比赛指教师参加征文、书法等各方面的比赛活动。

2. 不在上述积分、评议之内的，由学校联盟教师专业发展评价中心临时研究给予奖分。

学校联盟教师发展评价中心

2015 年 2 月

③发展性评价

因为成员来自不同的学校，存在着知识和能力方面的差异，学校联盟的宗旨是为了促进教师的共同发展。所以,在评价的过程中充分考虑教师的现实基础和发展目标,本着承认差异、尊重差异、发展差异的原则,及时给教师指出存在差异的原因,让教师能正确地认识自己和发展自己,同时帮助教师制定弥补差距的计划,确定具体的改进策略,"不让任何一个人掉队"。对于能够实现自我发展目标、积极缩小差距的成员,予以表扬鼓励。

(三)评价结果的运用

1. 利用信息,改进学校教研制度

在对教师教研进行评价的过程中,会搜集到很多教师教研习惯、教研方法、教研态度、教研能力、教研风格、教研文化等方面的信息。对这些信息,加以分类整理,或以信息类型加以归类,或以学校为单位加以整理,然后反馈到各联盟学校,帮助学校修改和完善校本教研制度。从校际教研看校本教研,从精英教研看大众教研,能够为校本制度的建设提供更开阔的视野。

2. 诊断问题,提高联盟教研质量

成员对每次活动做出的反馈,既能看出成员参与教研活动时的态度和方式(这也是对成员进行评价的一个方面),也能看到学校联盟组织教研活动存在的问题,通过汇总这些反馈意见,有利于学校联盟教师发展评价中心及时调整教研组织的策略,不断提高教研活动质量。

3. 引导舆论,树立教师成长榜样

每次活动教师的表现都有差距,反映在终结性评价结果里,过程性和终结性有着高度的一致性。所以,充分利用评价的结果,加以宣传和表扬,既能激发成员参与教研的信心,使教师感受到研究的幸福,也能让其他教师感受到差距,激发他们改正不足的动力。

小　结

作为一个合作的、开放式的教研环境,它面对的是系统内外信息的瞬间变化,任何预先的设计都可能会遭遇到复杂的、真实世界的挑战。我们只有热情地激发、积极地参与、悉心地培养,让自己的内心时时涌动着应对挑战、尊重平等的力量,学校联盟教研才能真正富有生命力地自我成长。因此,学校联盟的成员必须具有共同的价值认同、共同的利益诉求和强烈的认同意识,每位成员都为学校联盟的生存和发展尽职尽责。

第五章 校长的专业领导

"闲来无事,谛听心灵的声音和呼吸。每次疾风劲雨过后,总会看见山林青翠滴绿;每次暗淡无光的乌云飘过,总能欣赏到云白风轻的疏淡有致。走过草丛的深处,裤脚就会粘上一些带刺的草种,这是行走的妙处——常会有一些意想不到的惊喜,不定哪刻,就会发生。"

——晋高峰《叫醒世界的花开》

校长的行走就是一种引领。一路走来,叫醒世界的花开。不经意间,身后已是一片姹紫嫣红。带刺的、无刺的,摇曳于生命应有的风姿和色彩中。

学校场所是教师积极参与并对教师发展产生影响的情境之一,而且学校本身也整合了其他的组织机构和部门、教室、社区甚至当地教育政府的影响力量,对教师的发展产生全面的影响。在学校环境中,作为校长,能够调整各种情境的影响力量及其关系,直接对教师发展产生重要的影响。因此,校长的专业引领是促进学校联盟发展和教师专业发展的重要力量。

一、校长领导力

校长领导力,就是校长实现学校目标、推动学校发展过程中影响全校师生员工和以家长为代表的利益相关者的能力,以及与全校师生员工和以家长为代表的利益相关者之间的相互作用。

(一)校长领导力的表现

校长领导力表现为一种决策、设计学校发展的能力,一种组织、支配的能力,一种协调、凝聚的能力,以及敏锐地发现问题、诊断问题并及时解决问题的能力。

具体表现在以下方面:

领导力	具体表现
决策、设计	(1)准确定位学校的现状；
	(2)预设学校的远景目标；
	(3)与全校师生就远景目标达成共识；
	(4)界定学校变革的能力和限度；
	(5)规划并设计变革。
组织、支配	(6)在学校内建立一个被广泛认同的远景目标；
	(7)改进校园文化；
	(8)组织实施相关活动以改进对学生的服务质量；
	(9)实施教学计划并对教学工作进行评价；
	(10)指导并促进合作式研究。
协调、凝聚	(11)个人为全校树立榜样；
	(12)关心和激励员工、学生；
	(13)建立起相互信任的良好关系；
	(14)运用人际沟通技巧改进个人间和团队间的人际关系；
	(15)授权给教职工；
	(16)对他人持欣赏态度并表扬他人取得的成绩；
	(17)通过循环反馈系统进行管理。
发现、诊断、解决问题	(18)不断学习并对自己的实践行为进行反思；
	(19)审查研究计划和示范性的教育活动方案；
	(20)监测和评价、改进学校、学生、教师的发展。

校长领导力，从学校组织发展的角度来说，就是校长和教职员工在实现学校发展目标的过程中相互影响、相互作用的过程；从校长个体的角度来说，就是校长在影响、激励、引领教职工实现学校发展目标，推进学校发展过程中所表现出来的一种综合能力。学校的变革与发展要求校长要不断提升领导力，具备在新形势下变革创新的意识和能力，为教师专业发展提供平台与保障，逐渐成为一名智慧型、专家型的校长。

(二)校长领导力的分类

萨乔万尼根据领导力的对象和方式，把校长领导力分为技术领导力、人际领导力、教育领导力、象征领导力和文化领导力五个层次，这对于校长的领导力有很强的解释力。① 技术领导力是指校长完善学校规范制度与管理技能的能力;人际领导力是指校长驾驭学校以及相关社会的人力资源的能力;教育领导力是指校长在学校课程与教学上的指导能力;象征领导力是指校长在设立学校发展愿景与目标方面的价值引导能力;文化领导力是指校长在践行学校价值观方面的个人感召能力。

校长技术领导力、人际领导力、教育领导力、象征领导力和文化领导力在促进教师专业发展的机理中是相辅相成、缺一不可的。

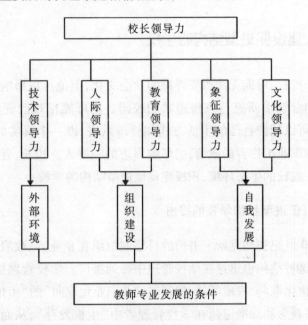

(三)校长领导力对教师专业发展的影响

校长领导力要对教师专业发展产生影响,从主观方面来看,最根本的办法就是让教师自身产生专业发展的动机和热情。这种动机和热情的培养并非靠硬性的手段达成,而是要通过思想的渗透和文化的熏陶逐步形成。校长的象征领导力和文化领导力恰恰能在这个方面起到关键的作用。它们在明确组织价值观和文化氛围的前提下,使教师的本我、自我、超我人格得以平衡和稳定,形成在自我基础上追求超我的主观意愿,从而激发教师的潜能,提高教师专业发展的自觉性和自主性。

---

①赵明仁. 论校长领导力 [J]. 教育科学研究,2009(1):40 - 42.

从客观方面来看,促进教师专业发展的前提就是要明确其所需要的外在条件。这种外在条件包括有形和无形两种形式。一方面,学校需要更加充足的专业基础设施,使教师能够在更加优越的环境下工作并汲取更多的营养;另一方面,学校组织需要更加健全的制度体系,使教师得到科学的管理和评价,使教师的利益得到保障。这就需要校长充分发挥其技术领导力和教育领导力,找到学校内部和外部条件中不利于教师专业发展的因素并及时排除。[①]

二、建设促进型结构的学校

一个校长,可能无法改变浮躁的社会文化,但他可以影响并建设一个宁静的充满着学术研究与理想追求的校园。他可能很难改变教育体制和机制,但他可以把控自己的生活方式和管理风格,以一个真实的凡人、一个热爱教育的职业工作者的激情,去影响周边的一群人。校长,首要的职责就是营造团队成长的生态环境,积极建设促进型结构的学校。

(一)促进型结构学校的提出

自20世纪初马克斯·韦伯的科层制组织在企业界、政府界等领域广泛应用后,这种结构也迅速在学校管理中得到推广。学校管理呈现出"劳动分工、非人格化取向、权威等级、规章制度及职业化取向"的"韦伯特征"。科层制的价值观念和标准迅速在学校管理者中"生根发芽",从而使得追求效率和标准化成为学校管理的核心和思想基础。

霍伊和斯威特兰改进了韦伯的科层制的组织结构论,提出了促进型学校结构。他们指出,促进型学校结构是一种帮助型的而不是阻滞型的等级体系,是一个指导问题解决而不是惩罚失败的规则与制度体系。在促进型学校结构中,校长与教师在维持各自不同角色的同时,可以超越公认的权威界限合作共事。

(二)促进型学校结构的实质

从促进型学校结构的这个概念中,我们可以得出这样一个结论:促进型

学校结构实质上是支持教师的机制,而不是提升或加强校长权力的工具。在促进型学校结构中,规则、制度、程序和指导等设计,主要是将"促进"的理念与精神贯穿到各项制度的设计中,使学校的各种形式化都呈现出"促进"的氛围,而不是让学校结构重返一种阻滞的等级体系,反对阻滞型的规则与制度体系,反对使教师规训化的服从。因而,促进型结构是一种开放式的社会系统,它要营造一种宽松的、民主的、和谐的学校文化。在这种学校中,校长要积极向下级授权,使每个生活在校园里的人都能感觉到自己是学校的主人,有职业尊严感和幸福感,而不是加强校长的权力,营造一种封闭式管理和严格控制的校园氛围,让教师生活在一种紧张、不安、抱怨的环境中。

正如霍伊和斯威特兰所说,促进型学校结构要求管理者和教师双向沟通,将问题看成是学习的机会,支持差异,鼓励信任、合作、开放、共同解决问题与创新,并且积极吸纳教师、家长参与解决问题。在促进型学校结构中,校长的任务不是监视、控制和惩罚教师,而是以信任的态度与教师沟通、合作,为教师提供支持,形成一个发展的共同联盟。①

(三)促进型学校结构的特征

情境特征:学校是开放的社会系统。随着社会的不断进步,学校成为一个开放的社会系统。因而,如何利用和协调各种资源促进学校发展,是校长需要重视的问题。

目标特征:解决问题、支持教师发展。校长的使命就是要基于解决学校的各类问题以及协助、促进教师的发展,通过发展教师来发展学校、影响学生。

核心特征:信任、支持。校长注重自身的道德修养和道德自觉,通过树立"道德榜样"和"道德示范"来形成学校的"道德领袖",从而达到校长信任教师、教师信任校长的校园"信任文化"。

本质特征:授权与责任、互利共赢。校长下放权力,充分挖掘和发挥教师的领导力,让学校的每个教师都有主人翁的责任感,实现人人是学校的管理者的境界。

领导风格特征:民主、开放、包容。校长必须实行民主管理、民主决策,广开言路,听取和吸纳多方面的意见,包容与自己言行不一的教师。

①鲍成中. 促进型学校结构:超越传统的"科层制"[J]. 中国教育学刊,2011(4):30.

管理过程特征：参与、合作。校长要积极参与学校的正式组织和非正式组织沟通合作，创造条件，让教师参与学校的管理，实现管理最优化。

发展特征：学术影响力。校长是思想领导、精神领袖，是具有一定学术思想的人。校长要把学校打造成学习型校园，用自身的学术影响力来影响教师的发展。

结果特征：团队凝聚力增强，教师有尊严感和幸福感。

（四）促进型学校建设的策略

促进型学校对教师专业发展的影响，既体现在学校规则、制度等方面的制定和执行中，更是在校长的领导力下落实。

1. 引领教师的教育理念

校长对学校的领导，首先是教育思想的领导，其次才是行政上的领导，这是著名的教育家苏霍姆林斯基提出的学校管理理念。他说："我竭力做到居于我这个校长工作首位的，不是事务性工作，而是教育问题……应当善于把教育思想体现在千百件各种各样的事情中"，又说，"我们总是力求做到使学校全体工作人员——从校长到看门工人——都来实现教育思想，使全体人员都全神关注这些思想"（苏霍姆林斯基，1983）。这里的对教育思想的领导，也是对教师教育理念的引领。

教育理念是教育主体在教育实践及教育思维活动中形成的对"教育应然"的理性认识和主观要求。它是关于"教育的应然状态"的判断，是渗透了人们对教育的价值取向或价值倾向的"好教育"观念。

校长对教师教育理念的引领，一是体现在对教师的培训上。目前学校为实现高效科学的管理，都建立起了适合学校校情和内涵发展的管理层级。不管是哪种管理层级，校长都是处于最顶端的位置，中间大多有副校长、中层干部、学科组长等几个层次的管理者。处于最底端的教师，往往很少跟校长直接接触，也就很少有机会聆听校长的理念和思想。这样，校长的价值观念、管理思想，在通过中间的管理者向教师渗透和浸润的过程中，就会出现失真、失味现象。教师心目中对校长的感觉不是清晰的而是模糊的，不是感性的而是理性的。所以，校长要有对教师进行培训的意识。当然，这种培训绝不是空洞的说教，而是结合学校的管理案例，进行合理的分析、论证，展示校长本人对教育信念的理解和感悟，取得教师心理和思想上的认同，才能水到渠成的实现对教师的引领。二是体现在教师的激励上。要改变教师的思维和心态,就要否定教师原有的那些与学校和校长的价值观念不相符的内容,而这些内容对教师来说,是已经深入骨髓的了。所以,改变它的最好办法不是直接的否定,而是在激励教师的过程中实现自我的否定。这样,教师的改变才是发自于内心的,表现出来的就是一种自觉自愿的行为。当然,这种激励,还是对教师对教育理念理解差异上的尊重。

2. 引领教师的研究能力

教师的研究能力,首先表现为对自己的教育实践和周围发生的教育现象的反思能力,善于从中发现问题,发现新现象的意义,对日常工作保持一份敏感和探索的习惯,不断地改进自己的工作并形成理性的认识。从这个意义上说,教育研究就成了教师作为专业人员的一种专业生活的方式,他自己创造着自己的专业生活质量,这是教师在专业工作中自主性和自主能力的最高表现形式。教师研究能力的进一步发展则是对新的教育问题、思想、方法等多方面的探索和创造能力,运用多方面的经验和知识综合地创造性地形成解决新问题方案的能力,这使教师的工作更富有创造性和内在魅力。[1]

作为校本研究第一责任人的校长,其研究意识和研究能力的提高,不仅是提升校本研究质量的关键,而且,也是引领教师提高研究水平的重要因素。校长具有了"问题课题化"的能力,才能通过借鉴已有研究成果,通过理论问题的归因、制定措施并行动、评估与反思等环节,将学校工作中的问题以研究的方式解决,即研究与工作的统一。

(1)参与研究

校长是学校教学研究的第一责任人,不仅要推进学校教学研究工作的落实,而且要成为教学研究工作的组织者、参与者、指导者。校长要引导全体教师树立"质量立校、科研兴校、特色强校"的意识,聚焦教学实践中的问题,发现有价值的重点问题,指导教师将问题形成课题进行研究。通过自身实践,激励活跃的学术研讨思想,营造良好的教学研究氛围。

(2)组建团队

校长要从学校教学研究工作实际出发,积极建设研究团队。要精心挑选教科室主任(组长),教科室主任(组长)必须是校内教科研权威,具备组织策划教科研活动的能力,能集中精力聚焦课堂教学,针对实际问题开展教科

---

①叶澜. 新世纪教师专业素养初探 [J]. 教育研究与实验,1998(1):41-44.

研活动、增强教研室(组)的活力。要建立有效合作平台,努力建构教科研合作机制,搭建教科研学术交流平台,建设有利于共同成长的教科研共同体、教科研联盟等。例如,凤城小学借鉴"目标一致、借力飞翔、头雁轮换"的"雁阵"管理原理,摒弃原有的任务布置、独自领导的运作方式,改用任务驱动、共享领导的运作方式;按照"确定领雁——配置雁群——设计愿景——推进优化"打造雁式团队,促使教师形成研究特长。

(3)构建机制

校长要善于管理,不断健全并完善教学研究机制,制定符合校情的学校教学研究制度和切实可行的实施方案。建立专业引领、同伴互助、行为跟进的研究实践机制,实现研训一体化,形成以"研"促教的氛围,提高教师的教育行动研究、叙事研究和案例研究能力。凤城小学针对学评教联动课堂采取"三备三磨"的研究机制,所谓"三备三磨",是指一个学科教学团队围绕一个教学问题,经过三次集体备课,三次集体磨课,获得问题解决的最佳方案,实现课堂的有效教学与教师的专业成长。较传统的教研活动,"三备三磨"实现了教研形式上从单一到多元、教研内容上从研教到研学、教研情态上从被动到主动的转变。

(4)营造文化

校长要努力构建以人为本、团结合作、主动发展、务实创新的教学研究文化,通过共同的价值观、凝聚力和奉献精神来推进教师的专业化发展。

新课改以来,学校物质环境建设已初见成效,为教学研究的开展提供了丰富的物质资源和多元的交流平台。但是,教学研究的成功与否,根本上有赖于教研文化的创新和创造,即站在文化的高度,从教育价值取向和办学理念等精神层面树立具有普遍指导意义的教学研究文化理念。因此,学校教学研究需要浓厚的教研氛围,校长应结合学校文化建设和教学研究的需要,进一步创新和完善学校办学理念,在价值观上引领校本教研和联盟学校教研实践。作为校长要认识到教学研究的重要性,积极营造一种"以研兴校"的学校文化。同时,教师的教研要围绕学校文化特质,开展有针对性的教学研究。只有真正做到学校文化源于教研文化,教研文化促进学校文化,才能实现两者协调发展的共生状态。

3. 引领教师的研究行为

校长对学校教学目标的构建以及管理更能直接作用于教师的教学工作,给教师的教学提供方向上的指引、技术上的指导和管理上的支持,从而提升教师的专业发展水平。同样,在校长专业领导力的作用下,具有明确的教学目标、合理的教学管理制度以及积极学习的氛围的促进型学校,更能让教师体会到专业发展的成就感、幸福感和教育的影响力。

项目	引领内容
目标引领	定期组织教师进行讨论,研究制定一套有重点的学校年度教学目标;
	能将学校教学目标清晰且深刻地传递给教师;
	会为教师在教学中落实教学目标提供足够的支持;
	与家长、社区沟通,让其了解和理解学校教学工作和教学目标。
过程引领	帮助教师制定严格的课程计划,让学生的学习和发展循序渐进;
	检查教师的教学工作是否按计划完成;
	参与到教师教学常规的检查中;
	定期对教师课堂进行不少于五分钟的观察;
	经常随堂听课,对教师教学中的具体表现进行评价和反馈;
	在进行课堂评价时注重对学生学习成果的检测。
个性化引领	根据学困生的实际情况,制定相应计划,让教师在教学中有针对性地采用不同的教学方法;
	统筹协调,提高所有班级的教学质量;
	支持教师的各种研修,鼓励其将获得知识与技能运用于课堂教学中;
	激励教师进行课题研究,鼓励其提高教科研水平;
	激励教师进行教学改革,努力探索课堂教学方式;
	以个人名义对取得教学成果的教师进行表扬;
	鼓励教师积极合作;
	对教师个性化发展进行有针对性的指导;
	指导学校完善教师专业发展的激励机制。

4. 引领联盟学校资源的有效整合

校长应是学校联盟教研资源的提供者。联盟资源是教师进行教学研究活动的基础,校长应保障教研所需的各种资源,在人力、物力、财力上为联盟教研提供强有力的支持。如开展联盟教研活动必需的经费、图书音像资料、实验设备、实验室和实验基地、联盟教研活动时间解决与校本教研的时间和内容上的冲突等等。当教师在联盟教研中遇到问题、困难和障碍时,校长应该为教师提供必要的帮助和支持。当然,这种帮助和支持可以直接来自校长本人,也可以通过校长的努力间接解决问题。

小　结

校长生活在两个世界里：作为引领者，生活在观念的世界里；作为管理者，生活在执行的世界里。校长领导力是一种影响力，虽然不是教师专业发展的决定力量，但是这种力量对于唤起教师专业发展需要和对职业尊严的认识和追求意义重大。

后　记

　　行文至此,没有预料中的轻松,有的是更多的惴惴不安。这种不安,一是提出开辟一条教师专业发展的新路径要冒很大的风险,这种风险首先来自所要开辟的路径是否有价值,是否能够给区域内教师的群体发展带来些许启发和改变;二是来自对自己写作能力的质疑,是否真的把我们学校联盟建设的理论和实践真实地全面地客观地呈现了出来。因此,我们不敢有什么祝祈,只是希望我们笔下的文字能有一种苦涩后的回味、焦灼后的会心、冥思后的放松、苍老后的年轻。

　　编写本书的过程中,我参阅了大量专家学者的研究成果,借鉴了一些先进的教育管理理念和实践操作模式,这里一并致以谢意。由于水平有限,书中不免有纰漏,恳请学界同行批评指正。对于直接借鉴、引用的前人或同行的观点、资料等尽量注明了出处,但个别资料因往日采撷积累时未记下出处一时不便查找,难以做到每引必注,请予以谅解。